观 金 赏 银

济南市考古研究院 编著

文物出版社

图书在版编目（CIP）数据

观金赏银 / 济南市考古研究院编著. -- 北京：文物
出版社, 2024.6
ISBN 978-7-5010-8436-4

Ⅰ.①观… Ⅱ.①济… Ⅲ.①考古工作—济南—图集
Ⅳ.①K872.521-64
中国国家版本馆CIP数据核字(2024)第101093号

观　金　赏　银

编　　著：济南市考古研究院

装帧设计：秦　彧
责任编辑：秦　彧
器物摄影：张　冰
责任印制：张道奇

出版发行：文物出版社
社　　址：北京市东城区东直门内北小街2号楼
邮　　编：100007
网　　址：http://www.wenwu.com
经　　销：新华书店
印　　刷：北京荣宝艺品印刷有限公司
开　　本：889mm×1194mm　1/16
印　　张：15
版　　次：2024年6月第1版
印　　次：2024年6月第1次印刷
书　　号：ISBN 978-7-5010-8436-4
定　　价：360.00元

《观金赏银》编委会

主　　编：郭俊峰

执行主编：杨　阳

副 主 编：柴　懿

参编人员：房　振　刘秀玲　何　利
　　　　　邢　琪　李　振

目　录

前 言

郭俊峰

金银是天然贵金属，自从人类发现、认识金银之后，就开始喜欢它、研究它、使用它。金银作为货币，价值不菲；而金银器更是作为一种文化符号，承载着璀璨中华历史，延续着万千风俗文化，历来在可移动文物藏品中占有一席之地。它不仅因为高颜值而具有重要的审美价值，还有重要的文物价值、历史价值，数千年来深深地影响着人们的生活。

济南市考古研究院自1997年成立以来，先后发掘中型以上遗址和墓葬200余处，发掘面积达20万平方米，累计发掘墓葬超3000座，出土各类文物标本10000余件（套）。其中，商代至民国时期18座墓葬或窖藏中出土金银器400余件（套）（含清至民国银圆298枚），包括大辛庄遗址商代墓葬1座，历城区梁二村战国墓葬1座，章丘洛庄汉墓陪葬坑和祭祀坑遗址2座，卫巷遗址宋代金银器窖藏1处，章丘洛庄汉墓封土墓宋墓1座，长清崮云湖宋代家族墓2座，七家村宋代墓葬1座，郎茂山元代家族墓葬1座，章丘女郎山古墓群明代墓1座，历下区法院清代墓1座，舜耕山庄清代墓1座，和平路47号清代墓1座，章丘女郎山古墓群清代墓1座，魏家庄墓地清代墓2座，华阳宫四季殿民国时期银圆窖藏1处。尤以章丘洛庄汉墓陪葬坑和祭祀坑遗址出土的西汉纯金银、铜鎏金、铁错金银车马器和卫巷遗址宋代窖藏出土的宋代金银器首饰最具代表性。

济南地区出土时代最早的金器是2010年大辛庄遗址商代墓葬M216中出土的2片金箔，尽管金箔和纸一样薄，但它已经显示出非凡的意义，在青铜器的鼎盛时代出现的金器无疑是眼花缭乱的铜器和玉器中间又增加了一道闪电，震撼着人们的内心。

在商代之后一段漫长的历史时期，遗址和墓葬一直被发现，各类材质的陪葬品屡见不鲜，但金器却像凭空消失了一样，杳无音信了。直到2016年济南梁二村战国墓又发现了1对战国时期小金环，显得尤为难得和珍贵。

西汉时期厚葬之风盛行，高规格的汉墓中陪葬品较为丰富。几十年来，大大小小的汉代墓葬在济南已发现了近千座，但只有王侯级墓葬中才有金器陪葬。1997年长清双乳山汉墓中出土了重达4262.5克的金饼，让人们咋舌不已。无独有偶，在2000年发掘的章丘洛庄汉墓9号陪葬坑中，共发现了7匹马，更让人惊喜的是，马身上佩戴的纯金马饰竟多达40件，总重量600余克，金节约设计精妙，造型奇特，构图合理，纹饰精美，镶嵌工艺更是锦上添花，极富想象力，比起双乳山的素面金饼更加精彩亮眼。除了珍贵的金器，还出土了部分银器，同样令人称奇。

宋元时期，金银器在济南也偶有发现，且多为首饰。1997年济南七家村宋代墓群中出土金耳环1对，简约小巧，颇具大宋审美。2008年卫巷遗址在宋代窖穴H104中出土一罐金银器，金器有 10 件，银器 25 件，多为女性装饰用品，金银器的加工技术更加让人叫绝，其中凤头金钗和化生童子金耳坠最为精美，仿佛让人一下体验到了大户人家的金碧辉煌，推测是藏金人因战乱而藏，然去而未能返，不由让人慨叹世事无常。此后在长清崮云湖宋代家族墓和郎茂山路元代家族墓中也零星出土金质发饰和耳饰，其中，高浮雕打马球图鎏金银带扣堪称一绝，但无论从数量和造型上都无法与卫巷遗址的金器相提并论了。

明清时期，济南发现的墓葬更是多不胜数，但仅有章丘女郎山古墓群明清墓葬、历下区法院、舜耕山庄、和平路 47 号建筑工地和魏家庄墓地等少数几座清代墓葬发现了金银器，墓主人多是高贵的诰命夫人，有较高的社会地位。随葬金银器往往是墓主生前佩戴的饰品，而不是单纯的明器。

就功能而言，迄今为止，考古发现的中国古代金银器主要包括装饰品类、器具类、货币类和牌符玺印类。书中收录的金银器类型丰富，几乎均有涉猎。

中华文明源远流长、博大精深，是中华民族独特的精神标识，是当代中国文化的根基，是维系全世界华人的精神纽带。考古工作担负着实证展示中华文明起源和发展的历史脉络、实证展示中华文明的灿烂成就、实证展示中华文明对世界文明的重大贡献的历史重任。

济南市考古研究院作为山东省 6 个具有国家团体考古发掘资质的单位之一，长期致力于济南市的文物保护工作，致力于中华文脉的守护和传承。济南市考古研究院成立至今，考古发掘出土文物标本种类丰富。本书将 20 余年院藏代表性金银器系统梳理、结集成书，通过深入浅出的语言将文物的纹饰、特点娓娓道来，辅以精美图片，图文并茂，既是对济南考古成果的展示和传播，又是实证和展示中华文明取得的灿烂成就的创新，也是让文物"活"起来的探索和尝试。

本书的完稿恰逢济南市考古研究院成立 26 周年，正以本书纪念之。

2023 年 12 月

图版

一 商代

　　黄金珍贵稀缺而又光彩照人，数千年来稳居"金、银、铜、铁、锡"五金之首。早在 5000 多年前，黄金已经开始走进了先民的生活中。

　　从现有的考古出土文物看，商代的黄金制品以金箔、金叶或金片等平面饰件为主，主要是用作棺椁、车马、铜器或漆木器的附属装饰，也有一部分搭配各类宝石，用作人的发饰、项饰或耳饰。

　　济南市考古研究院藏商代金银器为大辛庄遗址商代墓 M216 出土的 2 片金箔残件，虽然数量少且残缺不全，但它们却是济南市乃至山东省内现存的为数不多的商代金箔。从金箔的颜色及工艺来看，这一时期的黄金冶炼技术已经相对成熟。全国各地的商代遗址中均有不同数量的金箔类制品出土，基本为装饰饰件，工艺水平不相上下，展示了商代高超的制金技艺。

图 1-1   大辛庄墓地全貌俯拍

济南大辛庄遗址

大辛庄遗址位于济南市历城区王舍人镇大辛庄村东南（图1-1～3），是山东省内目前已知面积最大的一处商代遗址。2010～2011年，济南市考古研究院在大辛庄遗址进行考古发掘，共清理出商代墓葬、灰坑、灰沟、房址等遗迹，获取陶器、骨器、玉器、石器、金箔2片（图1-2、3）、青铜器等大量遗物。

商代金箔出土于M216中。M216位于发掘区南区西部，方向217°。长方形竖穴土坑墓，直壁、平底。长3.8、宽2.2～2.3、深2.7米。墓底四周有熟土二层台（殉狗层）；中部有一长方形腰坑。墓内葬具为两椁，均木质，已朽，平面近长方形。椁底部铺有一层朱砂。墓底南、北两端设有枕木，均置于枕木槽中。由于盗扰严重，墓内人骨已零乱，葬式等不明。殉人8具，摆放较规整，北侧2具、南侧1具、东侧2具、西侧3具，保存一般，大部分殉人下均铺有朱砂。殉狗6条，东西各3条。腰坑内有零星碎骨，疑为殉狗。随葬品共13件，均为青铜器，铜泡11件，铜铃2件，均放置在西侧殉人腿骨下；其右侧肩胛骨下发现2片带回字纹饰的金箔。金箔残件为不规则图形，表面平整，质地柔软，厚度极薄，其上为一组组由小到大、层层相套的立体正方形回字纹饰。回字纹正面线条凸起，反面线条凹陷，粗细均匀，造型规整，立体感较强。表明当时的黄金制作工艺已十分成熟。结合同时期其他地区出土的金箔用途推测，应为粘贴或包裹在其他器物表面，用以增强装饰效果的配饰或配件。

图1-2　大辛庄商代金箔清理前　　　　图1-3　大辛庄商代金箔清理前

1. 商金箔残件

编号：M216：14-1
尺寸：残长 4.5、残宽 4.4 厘米
2010～2011 年大辛庄遗址商代墓出土

不规则图形、厚薄如纸。两者纹饰相同，应
为同一片大金箔上破损脱落的残件。由于金
箔残损部分太多，故无法还原其原貌。

编号：M216:14-2
尺寸：残长 5.4、残宽 3.9 厘米
2010～2011 年大辛庄遗址商代墓出土

金 2. 商金箔残件

二 战国

　　春秋战国时期的黄金制作工艺和水平与商代相比均取得了突飞猛进的发展，不论是器物种类、制造工艺还是造型设计都有了质的飞跃。金箔（金片）、线刻、浮雕、錾刻、镌镂、掐丝、镶嵌、模压成型、合范浇铸、焊接等工艺都在不同类型的器形上有所体现或应用。器形与前朝相比进一步丰富、完善，金器逐渐从附属装饰的功能中脱离出来，单体金器、金饰、银器开始出现。杯、盘、碗、盏、勺等饮食器，耳坠、带钩、泡、镇等小型配饰或饰件应有尽有。

　　济南市考古研究院藏战国金银器为历城区梁二村战国墓 M1 被扰乱的填土中采集的金环 2 件。因墓中没有类似金器出土，仅从其采集位置及数量无法准确判断金环的实际用途，推测应为独立使用的小饰件或其他大型金属器物的附属装饰。

济南历城区梁二村战国墓 M1

2016 年 8 ~ 11 月，济南市考古研究院对历城区梁二村战国墓 M1 进行了抢救性考古发掘（图 2-1、2）。墓葬为"甲"字形竖穴土坑积石木椁墓，方向 185°。墓室口长 22.85、残宽 21 米，椁室宽 5.35、长 6.5、深 2 米。

M1 出土器物较为丰富，其中包括青铜编钟 19 件（镈钟 4 件、钮钟 15 件）、句鑃 9 件、盖豆 4 件、罍 1 件，另有铜器、圭形器、石磬残片、铜镞等，现收藏在济南市历城区博物馆。除了大型的青铜器，M1 中还出土了 3 件珍贵的玉器，其中包括玉瑗 2 件，玉管 1 件。在 M1 附近采集到 2 件小金环。

M1 虽被严重破坏，但结构相对完整、随葬品较为丰富，尤其是出土了大量青铜器，墓葬规格较高。根据其形制和出土器物类型和数量推测，墓主人当为大夫一级的贵族，时代为战国晚期。

图 2-1　历城区梁二村战国墓 M1 全景（上为西）

图 2-2 历城区梁二村战国墓 M1 墓道北端填土夯筑台阶（北—南）

🎐 3. 战国金环

编号：M1：采集
尺寸：外径 1.8、内径 1.6、厚 0.11 厘米
重量：4.25 克
2016 年历城区梁二村战国墓出土

2 件。金质，大小相仿、形制相同。整体呈扁平璧状，通体抛光，表面光素无纹饰，抛光痕迹明显，正面略呈圆弧状，背面扁平。无印记、款识。从采集位置及数量无法准确判断其实际用途，推测应为独立使用的小饰件或其他大型金属器物的附属装饰。

三
汉
代

　　两汉时期，尤其是西汉时期是我国金银器发展史的第一个高峰。从目前国内考古发现的西汉时期高规格墓葬来看，均有不同数量的金银制品陪葬，在王侯级墓葬中，金银器的陪葬更是屡见不鲜。这些金银器，不仅数量众多，而且用途广泛，深深融进了当时贵族的日常生活中。西汉时期是我国古代金银器发展的重要阶段，对后世金银器文化审美和风格特点的形成起到了承上启下的关键作用。

　　济南市考古研究院藏汉代金银器均为章丘洛庄汉墓陪葬坑和祭祀坑遗址出土，本书收录的金银器主要类型包括纯金银车马器、鎏金铜当卢和错金银铁马衔、马镳，分别出自9号陪葬坑和11号车马出行坑。

章丘洛庄汉墓陪葬坑和祭祀坑遗址

洛庄汉墓位于济南市章丘区，西距枣园镇洛庄村约1千米。1999年6月，由山东大学考古系和济南市考古研究院组成了联合考古队，对墓葬进行抢救性考古发掘。

洛庄汉墓规模宏大。主墓室东西长37、南北宽35米，东墓道长近100、西墓道长约45米，整个墓葬总长约180米（图3-1）。陪葬坑的数量和种类也是全国汉代王陵中最多的。洛庄汉墓结构布局极具特点。从平面布局来看，主墓室呈方形，居中，东西各修建一条墓道，周围分散排列着大大小小的陪葬坑，总数达37座之多。墓葬结构特点主要有：第一，在墓室开口周围使用当时较为先进的夯筑技术，建造了一圈高高的"围墙"，使墓室整体加高，仿佛一座壮观的"地上墓室"。第二，陪葬坑中采用了分层埋置的方式。分别在汉代地表、封土中间挖掘、填埋了全部的37座陪葬坑，在全国只此一例，实属罕见。

洛庄汉墓随葬品根据类型分别埋葬，种类丰富，材质多样，数量惊人。

5号坑出土了墓主人生前的日常饮食生活用品，展示了一个汉代诸侯王家的全能型大厨房。出土饮食生活用具有直径近1米的陶瓮数个，体量巨大。还有99件铜器，器类包括铜鼎、匜、盘、勺、釜、甗、量等，其中有50多件铜器上的铭文清晰可见。例如，"齐大官"，齐国掌管王室饮食起居的官府机构。"南宫""北宫"，宫殿名称。"右般"，官职名称。"一斗""一升"，标识器物的容量。

9号陪葬坑，共清理出7匹马和10只大狗的骨架，均佩戴着华丽的饰品。其中，仅纯金马饰就出土40件，总重量达600余克，10只狗身上都装饰有铜环和项圈。鎏金铜当卢是出土于9号坑中的马额头上的一件饰品，上方呈半圆形，下部为锥形，整体酷似一片树叶，中间是一匹腾飞的镂空奔马图案，马身倒转呈反"S"形，周围遍布卷云纹，如在空中腾飞，精美异常。

11号坑是车马出行坑，共出土3辆马车，每车均有四匹马，称"驷马驾车"（图3-2）。第一辆车的形状和结构与"秦陵1号铜车"完全相同，第三辆车的外观、构造和形制与"秦陵2号铜车"属于同一类型。发掘证明，3辆马车均为墓主生前使用过的马车，不是单纯的陪葬明器，就连马车的排列顺序也是按照墓主生前出行使用的方式埋葬的。3辆马车各司其职：排在最前面为"立车"，形制稍小，出行时此车在最前面，车里站着持有武器的武士，属于引导车、开道车。中间一辆叫"安车"，形制较大，可以坐人。最后一辆车为大型安车，可以供人坐卧休息。

14号坑是乐器坑，出土各类乐器共计140余件。种类包括编钟、编磬、木瑟、悬鼓、建鼓、小鼓、錞于、钲、铃。这套编钟由14件甬钟和5件钮钟组成。出土6套编磬，共107件，比以往汉代考古中出土的所有编磬总和还多。

洛庄汉墓出土遗物具有西汉初年的特点，发掘者根据陪葬坑中出土的"吕大官印""吕内史印"等封泥并结合文献记载，推断墓主人可能是死于公元前186年的吕国第一代王吕台。

本书中收录的洛庄汉墓金、银车马具和错金银铁马具均出自9号坑和11号坑中。

图 3-1 洛庄汉墓空间结构示意模型

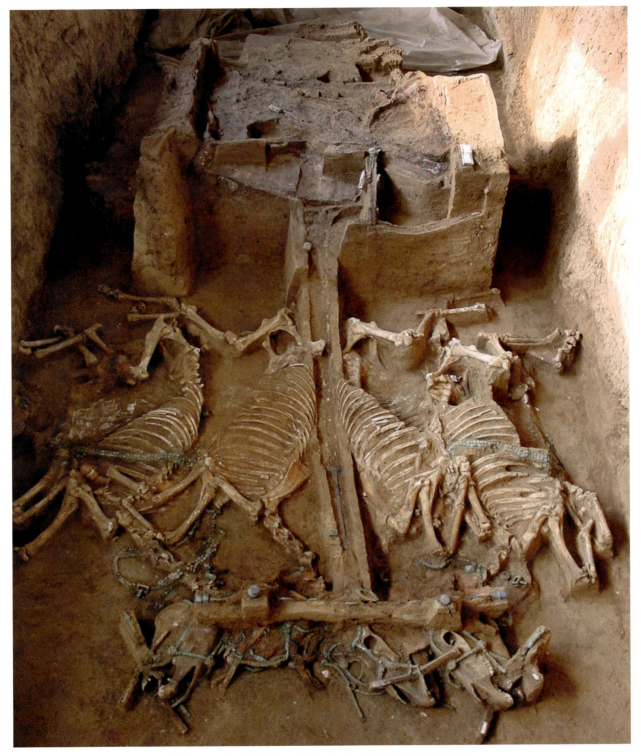

图 3-2　洛庄汉墓 11 号坑出土 1 号车及驾车的四马

　　带扣是一种带饰用品。皮带一头为带扣，与另一头的带钩配合使用，使皮带能系紧扣住的构件，防止滑脱。就现有考古发掘资料来看，带扣、带钩的材质和样式丰富多样，其中，早期带扣多为金属制品。单一材质的以金、银、铜材质比较常见。也有错金、错银、错金银及镶嵌宝石等复合材质打造的带扣和带钩，色彩丰富多变，设计层次分明，造型繁复华丽，工艺十分精美。

4. 西汉金带扣

编号：P9：9

尺寸：长 3.7、宽 2.0、厚 0.6 厘米

重量：49.0 克

1999～2001 年章丘洛庄汉墓陪葬坑和祭祀坑遗址出土

车马器，金质。带扣实心，通体抛光，素面无纹饰。器物造型规整，上下两部分为焊接组合而成。上边为一金环，下边类似"日"字形环。

5. 西汉金带扣

编号：P9：125

尺寸：长 2.3、宽 1.7、高 0.7 厘米

重量：10.70 克

1999～2001 年章丘洛庄汉墓陪葬坑和祭祀坑遗址出土

车马具，金质。带扣抛光，正面为一凸出的椭圆形环，上部为一 "n" 形卡槽，与带钩配合使用，使皮带能系紧扣住；背面光滑，形状为一椭圆形扁环，其上均匀分布着 6 个圆孔，上下各 2，左右各 1，对称分布，用来将带扣固定在布料、皮革等上面。就此带扣形制来看，应该由两件组成，成对使用。

金 6. 西汉金环

编号：P9：190、P9：191

尺寸：P9：190 外径 2.3、内径 1.4、厚 0.4 厘米
　　　P9：191 外径 2.1、内径 1.2、厚 0.4 厘米

重量：P9：190 重 14.7 克，P9：191 重 14.8 克

1999～2001 年章丘洛庄汉墓陪葬坑和祭祀坑遗址出土

车马器，2 件，金质。实心，大小、形制相同，形状规整，系模具铸造而成。推测为连接或装饰车马配饰之用。

车马器是用于古代马车上的配件，多为青铜打制。汉代车马器主要分为御马器和御车器两类。作为一种车马器，节约是随着马和马车的使用而兴起和发展的。节约一般在马头的位置使用，在马的胸带等皮带交叉处也有使用，是有效防止马络头上多条皮条之间互相交叉结节而发明的一种实用小配件，一般较为小巧，皮条可以从节约背后的钮中穿过去，由此连为一体。节约材质多为金属材质，以坚固耐磨的青铜节约最为常见。

⊛ 7. 西汉金节约

编号：P9：102
尺寸：长 4.1、宽 3.4、高 1.9 厘米
重量：61.6 克
1999 ～ 2001 年章丘洛庄汉墓陪葬坑和祭祀坑遗址出土

车马器，属马具的一种。该节约金质、实心，系模具浇铸而成。正面铸成浮雕动物图案。其头顶似为变形鹿茸，硕大高耸，一个个凹陷的圆涡将其卷曲的毛发形象地表现出来，就像戴了一顶高高的帽子。鼻子与嘴部紧紧连在一起，呈圆形，深陷的凹槽酷似鹰喙。眼睛圆凸，眼周及额头布满了细密"之"字形细纹。耳形似卵圆形树叶，耳内亦填满"之"字形细纹，整体呈马或鹿耳状。下颌方圆，轮廓分明，光滑无毛，似鸟非鸟，似兽非兽，应为现实中不存在的一种虚幻怪兽形象。节约背面未做细致打磨处理，表面粗糙，仅有一单桥形钮。

8. 西汉金节约

编号：P9：101
尺寸：长 4.5、宽 3.5、高 1.9 厘米
重量：70.4 克
1999～2001 年章丘洛庄汉墓陪葬坑和祭祀坑遗址出土

车马器，属马具的一种。该节约金质、实心，系模具浇铸而成。正面铸成浮雕动物图案。其头顶似为变形鹿茸，硕大高耸，一个个凹陷的圆涡将其卷曲的毛发形象地表现出来，就像戴了一顶高高的帽子。鼻子与嘴部紧紧连在一起，呈圆形，深陷的凹槽酷似鹰喙。眼睛圆凸，眼周及额头布满了细密"之"字形细纹。耳形似卵圆形树叶，耳内亦填满"之"字形细纹，整体呈马或鹿耳状。下颌方圆，轮廓分明，光滑无毛，似鸟非鸟，似兽非兽，应为现实中不存在的一种虚幻怪兽形象。节约背面未做细致打磨处理，表面粗糙，仅有一单桥形钮。

　　节约位于马头部位，是用来连接络头和辔带的配件，主要用途是作为颊带、项带、咽带、鼻带和额带的连接点。

　　节约多为模具一次性浇铸成型，一般是立体的，其中间部分常常会呈凸起状，上面多装饰精美的螺旋纹、弦纹、蟠螭纹和动物纹等，是马主人身份和地位的象征。节约在众多的车马器中设计精巧，具有很强的装饰性。节约最重要的作用是可以保证多条绳带、皮条在交叉处稳固结节，是使马络头上的多条皮条整齐划一的重要连接器。

　　这些金节约上铸造的鸟兽合一，似鸟似兽的图案，在中原地区各个时期的主题纹饰中极为罕见，与北方草原乃至中亚地区的少数图案纹饰极其相似，极富草原文化特色，是汉代多民族文化交流和融合的有力见证。

金 9. 西汉金节约

编号：P9：193

尺寸：长 3.1、宽 2.0、高 1.9 厘米

重量：25.7 克

1999～2001 年章丘洛庄汉墓陪葬坑和祭祀坑遗址出土

马具，金质。工艺精美，系模具浇铸而成，正面铸成浮雕动物图案。其头顶部饰有 3 根立体羽毛状装饰，鼻子未作明显体现，嘴部呈圆形，有弯钩，酷似鹰喙。眼睛圆凸，周围布满"之"字形纤细纹饰，即是怪兽浓密的毛发。耳尖小，耳内亦饰有"之"字形纤细纹饰，与头顶的羽毛紧紧连在一起，呈马或鹿耳状。下颌方圆，轮廓明显，表面刻划有"之"字形纤细纹饰，似鸟非鸟，似兽非兽。背面未做打磨处理，仅有一单桥形钮。

10. 西汉金节约

编号：P9：195
尺寸：长 3.1、宽 2.0、高 1.9 厘米
重量：23.6 克
1999～2001 年章丘洛庄汉墓陪葬坑和祭祀坑遗址出土

马具，金质。工艺精美，系模具浇铸而成，正面铸成浮雕动物图案。其头顶部饰有 3 根立体羽毛状装饰，鼻子未作明显体现，嘴部呈圆形，有弯钩，酷似鹰喙。眼睛圆凸，周围布满"之"字形纤细纹饰，即是怪兽浓密的毛发。耳尖小，耳内亦饰有"之"字形纤细纹饰，与头顶的羽毛紧紧连在一起，呈马或鹿耳状。下颌方圆，轮廓明显，表面刻划有"之"字形纤细纹饰，似鸟非鸟，似兽非兽。背面未做打磨处理，仅有一单桥形钮。

11. 西汉金节约

编号：P9：194
尺寸：长 3.1、宽 1.9、高 1.9 厘米
重量：20.9 克
1999～2001 年章丘洛庄汉墓陪葬坑和祭祀坑遗址出土

马具，金质。工艺精美，系模具浇铸而成，正面铸成浮雕动物图案。其头顶部饰有 3 根立体羽毛状装饰，鼻子未作明显体现，嘴部呈圆形，有弯钩，酷似鹰喙。眼睛圆凸，周围布满"之"字形纤细纹饰，即是怪兽浓密的毛发。耳尖小，耳内亦饰有"之"字形纤细纹饰，与头顶的羽毛紧紧连在一起，呈马或鹿耳状。下颌方圆，轮廓明显，表面刻划有"之"字形纤细纹饰，似鸟非鸟，似兽非兽。背面未做打磨处理，仅有一单桥形钮。

　　泡是古代常见的一种装饰物，有金、银、铜等材质，多用在衣服、马具或箱子上，起到画龙点睛的作用。有的背面有横纽，作为固定用。泡饰的种类繁多，器形和规格大同小异，常见的有圆形、花瓣形、动物形等样式。其中，圆形泡饰一般正面圆鼓，既有素面圆泡，也有带纹饰的花泡。

　　洛庄汉墓中出土了大量泡饰，且均为车马器，包括金泡、银泡和鎏金铜泡，造型多样，是一种用来装饰马头的饰物。其中，部分金泡上还镶嵌金丝、绿松石或缀焊细小的金珠，奢华无限，精美异常。

12. 西汉金泡

编号：P9：104
尺寸：直径 1.5、厚 0.7 厘米
重量：6.7 克
1999～2001 年章丘洛庄汉墓陪葬坑和祭祀坑遗址出土

车马器，金质。半球形，似纽扣、空心，表面光滑，无纹饰，背面为一单桥形钮。

13. 西汉金泡

编号：P9
尺寸：长 1.6、宽 1.7、高 1.3 厘米
重量：13.70 克
1999～2001 年章丘洛庄汉墓陪葬坑和祭祀坑遗址出土

车马器，金质。整体近半球形，正面图案为一只蜷缩状的浮雕熊。以粗线条勾勒出熊的外形，熊头、耳朵、眼睛、鼻孔、嘴巴均以长短不一、粗细各异的线条表现出来，风格粗犷写实。粗短的四肢团在一起，爪子握拳，置于胸前，憨态可掬。

14. 西汉金泡

编号：P9：118
尺寸：直径 1.6、厚 0.7 厘米
重量：1.90 克
1999～2001 年章丘洛庄汉墓陪葬坑和祭祀坑遗址出土

车马器，金质。金泡半球形，形似纽扣、空心，纹饰共分三层：在正面中心位置焊接 1 个用扁金丝围成的圆形凹槽，内镶 1 颗圆形绿松石；中间一层焊接 3 个用扁金丝围成的水滴形凹槽，凹槽内分别镶嵌 1 颗水滴形绿松石，其中 1 颗脱落无存；两水滴之间各装饰一朵三瓣花，花瓣及花心均以细小金珠焊缀而成。最外圈为细金丝搓捻而成的绳辫纹装饰。泡里侧底口稍下处焊接有一根一字形横梁，供连缀时使用。

金 15. 西汉金泡

编号：P9：116

尺寸：直径1.6、厚0.7厘米

重量：2.20克

1999～2001年章丘洛庄汉墓陪葬坑和祭祀坑遗址出土

车马器，金质。金泡半球形，形似纽扣、空心，纹饰共分为三层：在正面中心位置焊接1个用扁金丝围成的圆形凹槽，内镶1颗圆形绿松石；中间一层焊接3个用扁金丝围成的水滴形凹槽，凹槽内分别镶嵌1颗水滴形绿松石，其中2颗已脱落无存；两水滴之间各装饰一朵三瓣花、花瓣及花心均以细小金珠焊缀而成。最外圈为细金丝搓捻而成的绳辫纹装饰。泡里侧底口稍下处焊接一根一字形横梁，以供连缀时使用。

16. 西汉金泡

编号: P9:119
尺寸: 直径1.6、厚0.8厘米
重量: 2.20克
1999～2001年章丘洛庄汉墓陪葬坑和祭祀坑遗址出土

车马器，金质。金泡半球形，状如纽扣，空心，纹饰共分三层：在正面中心位置焊接1个用扁金丝围成的圆形凹槽，内镶1颗圆形绿松石；中间一层焊接3个由扁金丝围成的水滴形凹槽，凹槽内分别镶嵌1颗水滴形绿松石，两水滴之间各装饰一朵三瓣花，花瓣及花心均以细小金珠焊缀而成。最外圈为细金丝搓捻而成的绳辫纹装饰。泡里侧底口稍下处焊接一根一字形横梁，以供连缀时使用。

17. 西汉金泡

编号：P9：117
尺寸：直径 1.6、厚 0.7 厘米
重量：2.20 克
1999～2001 年章丘洛庄汉墓陪葬坑和祭祀坑遗址出土

车马器，金质。金泡半球形，状如纽扣，空心，纹饰共分三层：在正面中心位置焊接 1 个用扁金丝围成的圆形凹槽，内镶 1 颗圆形绿松石；中间一层焊接 3 个用扁金丝围成的水滴形凹槽，凹槽内分别镶嵌 1 颗水滴形绿松石，其中 2 颗脱落无存；两水滴之间各装饰一朵三瓣花，花瓣及花心均以细小金珠焊缀而成。最外圈为细金丝搓捻而成的绳辫纹装饰。泡里侧底口稍下处焊接一根一字形横梁，以供连缀时使用。

18. 西汉金泡

编号：P9：130
尺寸：直径 1.6、厚 0.7 厘米
重量：1.80 克
1999～2001 年章丘洛庄汉墓陪葬坑和祭祀坑遗址出土

车马器，金质。金泡半球形，状如纽扣，空心，共三层纹饰：在正面中心位置焊接 1 个用扁金丝围成的圆形凹槽，内镶 1 颗圆形绿松石；中间一层焊接 3 个用扁金丝围成的水滴形凹槽，凹槽内分别镶嵌 1 颗水滴形绿松石，两水滴之间各装饰一朵三瓣花，花瓣及花心均以细小金珠焊缀而成。最外圈为细金丝搓捻而成的绳辫纹装饰。泡里侧底口稍下处焊接一根一字形横梁，以供连缀时使用。

19. 西汉金泡

编号：P9：114
尺寸：直径 1.6、厚 0.8 厘米
重量：2.00 克
1999～2001 年章丘洛庄汉墓陪葬坑和祭祀坑遗址出土

车马器，金质。金泡半球形，似纽扣，空心，纹饰共分三层：在正面中心位置焊接 1 个用扁金丝围成的圆形凹槽，内镶 1 颗圆形绿松石；中间一层焊接 3 个由扁金丝围成的水滴形凹槽，凹槽内分别镶嵌 1 颗水滴形绿松石，其中 2 颗已脱落无存；两水滴之间还装饰一朵三瓣花，花瓣及花心均以细小金珠焊缀而成。最外圈为细金丝搓捻而成的绳辫纹装饰。泡里侧底口稍下处焊接一根一字形横梁，以供连缀时使用。

20. 西汉金泡

编号: P9:123
尺寸: 直径 1.6、厚 0.8 厘米
重量: 2.20 克
1999～2001 年章丘洛庄汉墓陪葬坑和祭祀坑遗址出土

车马器,金质。金泡半球形,形如纽扣,空心,共有三层
纹饰:在正面中心位置焊接 1 个用扁金丝围成的圆形凹槽,
内镶 1 颗圆形绿松石,已脱落无存;中间一层焊接 3 个由
扁金丝围成的水滴形凹槽,凹槽内分别镶嵌 1 颗水滴形绿
松石,两水滴之间还装饰一朵三瓣花,花瓣及花心均以细
小金珠焊缀而成。最外圈为细金丝搓捻而成的绳辫纹装饰。
泡里侧底口稍下处焊接一根一字形横梁,以供连缀时使用。

金 21. 西汉金泡

编号：P9：121

尺寸：直径 1.6、厚 0.7 厘米

重量：2.00 克

1999～2001 年章丘洛庄汉墓陪葬坑和祭祀坑遗址出土

车马器，金质。金泡半球形，形如纽扣，空心，纹饰共分三层：在正面中心位置焊接 1 个用扁金丝围成的圆形凹槽，内镶 1 颗圆形绿松石；中间一层焊接 3 个由扁金丝围成的水滴形凹槽，凹槽内分别镶嵌 1 颗水滴形绿松石，其中 2 颗已脱落无存；两水滴之间还装饰一朵三瓣花，花瓣及花心均以细小金珠焊缀而成。最外圈为细金丝搓捻而成的绳辫纹装饰。泡里侧底口稍下处焊接一根一字形横梁，以供连缀时使用。

22. 西汉金泡

编号：P9：115

尺寸：直径 1.6、厚 0.8 厘米

重量：1.75 克

1999～2001 年章丘洛庄汉墓陪葬坑和祭祀坑遗址出土

车马器，金质。金泡半球形，形如纽扣，空心，纹饰共分为三层：在正面中心位置焊接 1 个用扁金丝围成的圆形凹槽，内镶 1 颗圆形绿松石；中间一层焊接 3 个由扁金丝围成的水滴形凹槽，凹槽内分别镶嵌 1 颗水滴形绿松石，其中 2 颗已不存；两水滴之间还装饰一朵三瓣花，花瓣及花心均以细小金珠焊缀而成。最外圈为细金丝搓捻而成的绳辫纹装饰。泡里侧底口稍下处焊接一根一字形横梁，以供连缀时使用。

金 **23. 西汉金泡**

编号：P9：124

尺寸：直径 1.6、厚 0.7 厘米

重量：2.30 克

1999 ～ 2001 年章丘洛庄汉墓陪葬坑和祭祀坑遗址出土

车马器，金质。金泡半球形，形如纽扣，空心，纹饰三层：在正面中心位置焊接 1 个用扁金丝围成的圆形凹槽，内镶 1 颗圆形绿松石；中间一层焊接 3 个由扁金丝围成的水滴形凹槽，分别镶嵌 1 颗水滴形绿松石，两水滴之间还装饰一朵三瓣花，花瓣及花心均以细小金珠焊缀而成。最外圈为细金丝搓捻而成的绳辫纹装饰。泡里侧底口稍下处焊接一根一字形横梁，以供连缀时使用。

![红] **24. 西汉金泡**

编号：P9：120
尺寸：直径 1.6、厚 0.7 厘米
重量：2.20 克
1999～2001 年章丘洛庄汉墓陪葬坑和祭祀坑遗址出土

车马器，金质。金泡半球形，形如纽扣，空心，共三层纹饰：在正面中心位置焊接 1 个用扁金丝围成的圆形凹槽，内镶 1 颗圆形绿松石；中间一层焊接 3 个由扁金丝围成的水滴形凹槽，分别镶嵌 1 颗水滴形绿松石，两水滴之间还装饰一朵三瓣花，花瓣及花心均以细小金珠焊缀而成。最外圈为细金丝搓捻而成的绳辫纹装饰。泡里侧底口稍下处焊接一根一字形横梁，以供连缀时使用。

整体用薄金片锤出半球形、边缘扁平、正面
中心位置焊接1个由扁金丝围成的圆形凹槽，内嵌1
颗圆形绿松石。

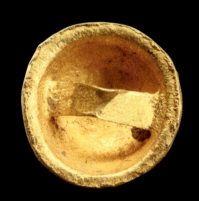

金 **25. 西汉金泡**

编号：P9：122
尺寸：直径1.0、厚0.5厘米
重量：0.85克
1999～2001年章丘洛庄汉墓陪葬坑和祭祀坑遗址出土

车马器，金质。金泡空心，形如纽扣，背面有一字
形钮。整体用薄金片锤出半球形、边缘扁平、正面
中心位置焊接1个由扁金丝围成的圆形凹槽，内嵌1
颗圆形绿松石。

26. 西汉金泡

编号：P9：129

尺寸：直径 1.0、厚 0.4 厘米

重量：0.70 克

1999 ～ 2001 年章丘洛庄汉墓陪葬坑和祭祀坑遗址出土

车马器，金质。金泡空心，形如纽扣，背面有一字形钮。整体用薄金片锤出半球形，边缘扁平，正面中心位置焊接 1 个由扁金丝围成的圆形凹槽，内嵌 1 颗圆形绿松石，已脱落不存。

金 **27. 西汉金泡**

编号：P9：127
尺寸：直径 1.0、厚 0.4 厘米
重量：1.00 克
1999～2001 年章丘洛庄汉墓陪葬坑和祭祀坑遗址出土

车马器，金质。金泡空心，形如纽扣，背面有一字形钮。
整体用薄金片锤出半球形，边缘扁平，正面中心位置
焊接 1 个用扁金丝围成的圆形凹槽，内嵌 1 颗圆形绿
松石，惜已脱落无存。

28. 西汉金泡

编号：P9：126
尺寸：直径 1.0、厚 0.4 厘米
重量：0.70 克
1999～2001 年章丘洛庄汉墓陪葬坑和祭祀坑遗址出土

车马器，金质。金泡空心，形如纽扣，背面有一字形钮。
整体用薄金片捶出半球形，边缘扁平，正面中心位置焊
接1个用扁金丝围成的圆形凹槽，内嵌1颗圆形绿松石。

29. 西汉金泡

编号：P9：128

尺寸：直径 0.9、厚 0.4 厘米

重量：0.70 克

1999 ～ 2001 年章丘洛庄汉墓陪葬坑和祭祀坑遗址出土

车马器，金质。金泡空心，形如纽扣，背面有一字形钮。整体用薄金片锤出半球形，边缘扁平，正面中心位置焊接 1 个由扁金丝围成的圆形凹槽，内嵌 1 颗圆形绿松石。

🈷 30. 西汉金泡

编号：P9

尺寸：直径 1.0、厚 0.5 厘米

重量：0.9 克

1999～2001 年章丘洛庄汉墓陪葬坑和祭祀坑遗址出土

车马器，金质。金泡空心，形如纽扣，背面有一字形钮。整体用薄金片锤出半球形，边缘扁平，正面中心位置焊接 1 个用扁金丝围成的圆形凹槽，内嵌 1 颗圆形绿松石。

🀁 **31.西汉银泡**

编号：P9：131

尺寸：直径 1.3、厚 0.6 厘米

重量：2.7 克

1999～2001 年章丘洛庄汉墓陪葬坑和祭祀坑遗址出土

车马器，银质。银泡半球形，形同纽扣，空心，通体抛光，表面光素无纹饰，应为范铸一次性成形。背面为一字形纽。周身氧化变黑。

 32. 西汉金栓

编号：P9：113
尺寸：长 1.6、宽 0.9、高 0.9 厘米
重量：2.0 克
1999～2001 年章丘洛庄汉墓陪葬坑和祭祀坑遗址出土

车马器，金质。此金栓由两部分焊接组成，一部分
为一中空金管，另一部分用金片剪出 4 个花瓣，整
体形似一朵含苞欲放的玉兰花。根据该器物形状推
测应为一种装饰车马部件的小塞子。

33. 西汉金栓

编号：P9：110
尺寸：长 1.6、宽 1.4、高 1.0 厘米
重量：1.8 克
1999～2001 年章丘洛庄汉墓陪葬坑和祭祀坑遗址出土

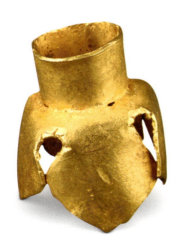

34. 西汉金栓

编号：P9：111
尺寸：长 1.6、宽 1.3、高 1.0 厘米
重量：2.7 克
1999 ～ 2001 年章丘洛庄汉墓陪葬坑和祭祀坑遗址出土

车马器，金质。此金栓由两部分焊接组成，一部分为一中空金管，另一部分用金片剪出 4 个花瓣，整体形似一朵含苞欲放的玉兰花。根据该器物形状推测应为一种装饰车马部件的小塞子。

35. 西汉金栓

编号：P9

尺寸：长 2.7、宽 2.6、高 2.4 厘米

重量：25 克

1999～2001 年章丘洛庄汉墓陪葬坑和祭祀坑遗址出土

车马器，金质，抛光，应为模具浇铸一次性成型。金栓整体酷似一含苞待放的花朵，实际是一立体动物头部，头顶、眼皮、嘴巴周围及下巴均刻划有细密的"之"字形纤细纹饰，代表动物浓密的毛发和胡须。大眼圆凸、杏核状、眼眶内凹，上下眼周均布满浓密的细毛，鼻子坚挺光亮。其嘴部张开、呈圆形，双耳伏于眼后，像牛但没有长角；像虎、狮、豹但没有锋利的牙齿；也有可能是一种虚构的动物形象。金栓外沿一圈也刻划有代表其毛发的"之"字形纤细纹饰。

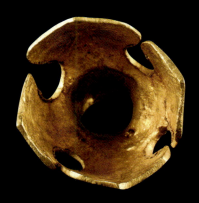

㊗ 36. 西汉金栓

编号：P9：103
尺寸：长 2.9、宽 2.3、高 2.7 厘米
重量：36 克
1999～2001 年章丘洛庄汉墓陪葬坑和祭祀坑遗址出土

车马器，金质。光面，通体抛光。整体酷似一含苞待放
的花朵。实际则是一立体动物头部，酷似牛头。眉骨突
出，大眼圆凸，眼眶内陷，双耳收紧伏于眼后，鼻孔圆
形上翻，嘴部外突张开，下巴及耳后有长长的须发。

《诗·秦风·小戎》："游环胁驱，阴靷鋈续。"洛庄汉墓出土的马车为四马驾车。中间两匹马称为服马，主要用来驾辕；旁边两匹马协助服马拉车，称为骖马。如何保证马匹之间的间距，保证马车正常有序行走至关重要。为了使四匹马各处其位，齐力拉车，车马上就离不开胁驱和缰绳的完美配合，"胁驱"的作用就是为了保持骖马、服马之间的间距，不使骖马太靠拢服马而影响服马行走，特别是在车拐弯时，此物能随时提醒骖马配合行动。通过这些装置，骖马与服马始终会保持一定的距离，既不会太远，也不会太近，可以始终并驾齐驱，从而有效地保证车辆的平稳和乘客的舒适感。

③

④

37. 西汉银胁驱

编号：P11：3：12、P11：3：13

尺寸：①长 5.6、宽 2.1、高 2.4 厘米

②长 7.3、宽 1.8、高 2.2 厘米

③长 3.8、宽 3.7、高 1.3 厘米

④长 3.8、宽 3.7、高 1.2 厘米

重量：总重 141 克

1999～2001 年章丘洛庄汉墓陪葬坑和祭祀坑遗址出土

④   ③

③　　　　　　　　　　　　　　④

④　　　　　　　　　　　　　　③

①

银质车马器，1套4件。驾马用的器具。其中，圆形銮2件，一为变体龙首形。双眼圆睁，炯炯有神。两耳尖竖上翘，显得十分机警。微微上扬的鼻子下面是大张的嘴巴，两边还有外露的獠牙，面目凶恶狰狞。嘴巴四周及耳朵下面是细线刻划的"之"字形细纹，象征着动物的毛发，惟妙惟肖。底部平整，抛光，刻有几组"之"字形细纹。另一个为变体鹿首形。双眼圆睁，炯炯有神。阴线刻划出鼻子和嘴巴轮廓。鼻子微微上翘，嘴巴微闭，似面露笑容。双耳紧贴头部，伏于脑后。自耳朵中部伸出两只粗壮的长角。应为一头雄鹿。两支细长的前腿跪地，蹄子尖与长角碰触到一起。鹿的脸部、腿部和身体其他部位零星分布着数组"之"字形细纹，代表鹿的皮毛。整体刻划得非常形象逼真。其余2件为近长方体形銮，方向左右对称，其中一角为圆弧形，通体无焊接痕迹，应为范铸一次性成型，正面饰细阴线雕刻的祥云纹饰，线条圆润流畅，其余各面抛光，素面无纹饰。

②

当卢古亦名"钖"，为装饰在古代贵族驾乘之马头上的饰物，一般放置在马的额头中央偏上的位置。

洛庄汉墓出土当卢，青铜质，整体呈树叶形，系模具铸造一次成型，采用了镂空浮雕的工艺手法。正面和侧面鎏金，背后有两竖一横三个环钮，用于穿引皮绳。当卢正面主体图案为一匹卷曲呈反"S"形的骏马。马头向上朝前，额前鬃毛飘卷，耳如削竹，眼圆外突，鼻阔方深，下颌方圆，显示出良马肥壮彪悍的体态。其前蹄弯曲腾空，后蹄下踏云鸟，又似飞奔之状，形态极具动感。该当卢的整体构图以富有动感的马为中心，并辅以变化的鸟纹和云纹，穿以镂空，简繁适度，丰满灵巧，整体的构图和纹样给人以生动活泼、充满飞动之感。

38. 西汉鎏金铜当卢

编号：P9：81
尺寸：高 16.5、宽 7.8、厚 1.4 厘米
重量：49.0 克
1999～2001 年章丘洛庄汉墓陪葬坑和祭祀坑遗址出土

西汉鎏金铜当卢出土于洛庄汉墓 9 号陪葬坑的其中 2 匹马头上，共 2 件。这 2
件当卢一般无二，1 件保存于济南市考古研究院，另 1 件收藏在章丘区博物馆

39. 西汉错金银铁马镳

编号：P9：69

尺寸：长 13、宽 9.3、厚 0.6 厘米

重量：97.8 克（修复后）

1999 ～ 2001 年章丘洛庄汉墓陪葬坑和祭祀坑遗址出土

根据尺寸、造型以及穿孔设计来看，这件错金银铁马具应属马镳。马镳是马具的一种，指马口中所衔铁具露出在外的两头部分，是联结于马络头上，通过皮条与马衔相系连的马器，形式多样，材质各异。

该错金银铁马镳外轮廓大致呈心形（桃形），两侧中部呈收腰式内凹，其表面的错金银纹饰呈现为两个倒置心形（桃形）的叠压造型。马具的正中有一个竖向的穿孔，位于上部心形（桃形）下端的桃尖位置。心形图案的外缘镶嵌等距双线金丝，金丝内同样镶嵌细密的平行金丝短线。每个心形（桃形）图案内按照空间大小及特点设计了左右对称的双鹿（关于马镳上设计的动物图案，有观点认为是鹿，也有观点认为是马，目前尚无定论。由于其头顶饰有粗壮的角，本书中暂且采用鹿的说法进行描述）图案，两组双鹿均作向左右两侧的奔跃造型。由于马镳上下两部分空间大小差异，两对奔鹿在构图布局上也存在着些许不同，上端一对奔鹿左右对称，鹿首冲前，嘴角上翘，前腿上扬，后腿弯曲，四蹄动作幅度较小；而下端的一对奔鹿作回首状，四蹄伸展幅度较大。两对奔鹿的尾和角均根据所处空间的大小而设计，其中上端奔鹿的尾部延展为复杂的树叶状造型，下端奔鹿的尾部则因空间局限而表现为卷曲的单线长尾。两对奔鹿的鹿角均因空间局限而设计为有几个短杈的长角造型。

这件铁质马镳除鹿角和位于画面远端的双腿使用银箔粘贴外，其余图案均为金箔粘贴，以颜色的对比变化体现双鹿远近虚实的动态效果，设计巧妙。其余远景和次要部分皆采用长短不一的细金丝镶嵌。整件器物图案主次分明，纹饰线条粗细相间，流畅自然，动物形象栩栩如生，是一件极富草原文化风格的汉代马具。

⑧ 40. 西汉错金银铁马镳

编号：P9：207
尺寸：直径 10.8、厚 0.6 厘米
重量：124.2 克（修复后）
1999～2001 年章丘洛庄汉墓陪葬坑和祭祀坑遗址出土

马镳中心有一个长方形穿孔。边缘以金丝单线圆圈及其外侧的连续尖状纹组成，其主体图案是一对方向相反的奔鹿。由于空间开阔，奔鹿的身躯、四蹄以及角、尾的设计精致复杂，尤其是尾和角特征十分明显夸张，两条鹿尾与潇洒飘逸的祥云纹饰巧妙地融为一体并一直沿图案边缘延展到另一只鹿的头部附近，鹿角则刻划成粗壮的枝杈形状，好似神话故事中走出的神鹿，充满了神秘色彩，表现手法上具有鲜明的剪纸艺术特色。由于空间的限制或者出自设计师独特的理念，两只鹿的后腿有悖于常态，均反向向上，整体形态呈反"S"形，与车马陪葬坑中出土的鎏金铜当卢上的反"S"形骏马图案有异曲同工之妙。

除鹿角和位于画面远端的双腿使用银箔粘贴外，其余图案均为金箔粘贴，黄金与白银的色彩对比将鹿角与鹿腿的远近虚实状态刻划得形象生动。剩余部分均由长短不一的纤细金丝镶嵌其中。整体纹饰线条流畅、自然，动物形象栩栩如生，是一件罕见的具有浓郁草原气息的汉代铁质马镳。

（马衔）

（马镳）

（马镳）

🔒 **41. 西汉错金铁马衔**

编号：P9

尺寸：长 23.5、宽 20、中间环直径 4 厘米

重量：143.6 克（修复后）

1999～2001 年章丘洛庄汉墓陪葬坑和祭祀坑遗址出土

马衔俗称"马嚼（jiáo）子"，就是指连着缰绳上套在马嘴巴上的金属部分，借以控制马匹的活动。由马衔和马镳两部分组成。自商代至战国，铜制的马衔皆是由两根两端各带一环的铜条，各以一环一侧一平相互套接组成，只在形式上存在着细小的差异。另两个在外面的未用来套接的环，则分别以皮条系连于马嘴旁的铜镳（biāo）上。

宋代之前，金银器的生产是官方行为，主要掌握在中央官府手中，南方地区也有少量金银器生产于地方官府和私人作坊中，且仅作为补充。到了宋代，金银器生产权力逐渐下移，民间作坊生产的金银制品逐渐成为社会主流产品，金银器具有明显的商品属性和世俗化特点。使用人群从之前的皇家贵族延伸到富商和市民阶层，他们也拥有一定数量的金银器。在当时的富庶人家，银器已成为常见的日常生活用品，表现出浓厚的平民化气息。

济南市考古研究院藏宋代金银器共 44 件（套），数量仅次于章丘洛庄汉墓出土的金银器，主要出土于卫巷遗址宋代窖藏、章丘洛庄汉墓的封土墓宋墓、长清崮云湖宋代家族墓和七家村宋墓中。从类型上看，这一时期的出土金银器均为配饰，金器包括金钗、金耳环、金环；银器包括银钗、银钳镯、银缠钏、银镊子、银盒、银壶、卧狮银配饰、银带扣、银锭。除长清崮云湖宋代家族墓出土的银带扣为男性饰品外，其余皆为女性饰品。

这一时期，随着金银器商品化程度日益提高，民间作坊制作的金银器逐渐成为当时的主流商品。金银器的制作呈现明显的两极分化现象：一类金银器设计繁复华丽，器形精致，无以复加，迎合上层社会的实际需要，体现其尊贵的身份地位。另一类金银器则崇尚简约、朴素、轻薄、小巧，相对低廉的价格更容易被平民阶层接受。这类金银器更符合宋代柔和含蓄、清丽自然的文化审美，与当时的服饰、发型、妆容相得益彰。同时，小巧轻便的体量也更加适合日常佩戴的需要。有些器形和纹样已经形成了相对固定的制作模式，开始进行批量生产。宋代金银器另一个特点是器身上作坊与工匠的刻铭，内容主要是店铺、工匠、质量的名号。如卫巷遗址宋代窖藏出土的 T1026H104：2 折股金钗上的"吴二郎造"、T1026H104：4 折股金钗上的"足金"、H104：16 素面折股银钗钗梁上的"口口二郎口"、H104：14 竹节折股银钗上的"口家真银"刻铭，分别是工匠、材质和银铺。

宋代金银器上刻铭的广泛出现，不仅可以起到商家宣传和质保维权的作用，也是商品经济发展到一定阶段的必然产物。

济南卫巷遗址

济南卫巷遗址位于济南市老城区，北起泉城路，南至黑虎泉西路，东临天地坛街，西接榜棚街。2008年8月，济南市考古研究院在配合此区域基建项目进行的考古发掘中（图4-1、2），出土1罐宋代金银器窖藏，包括金器10件，银器25件，均为女性配饰及盛装化妆用品的容器，主要类型包括凤头金钗、折股金钗、化生童子金耳坠、牡丹纹耳环、素面金环、折股银钗、卧狮银佩、银钏、银镯、银壶、银盒、银锭等。此次发现的金银器涵盖了发饰、腕饰、耳饰等，不仅种类繁多，数量较大，而且造型别致，工艺精美。

金银器所在探方灰坑编号T1026H104，灰坑开口于近现代扰土层下，打破部分宋代文化层，平面形状椭圆形，斜壁，平底。长约0.40、短径0.35、深0.40米。黑釉瓷罐平置于坑中央（图4-3、4），坑内无其他遗物，罐内置放金银器。由于水位较高，罐口已看不出有封护痕迹。金银器窖藏所在遗迹单位层位清晰，伴出的黑釉双耳罐也属于宋代较为常见的器形，此次窖藏内出土的金银器与国内其他地区发现的同类型器物有较大相似之处。如浙江建德市大洋镇下王村宋墓出土的金钏、金耳环，江浦黄悦岭南宋张同之夫妇墓出土的银盒，湖南临湘陆城宋元墓出土的银钏，福州茶园山南宋许峻墓出土的银粉盒、银跳脱，四川德阳出土的银盒，湖南津市发现的元代金凤簪，南京市郊区龙潭宋墓出土的"银发插"，浙江永嘉发现的宋代银钗，浙江洞头县发现的宋代银钗、银钏、银簪等，均与此次出土的同类器相似。结合窖藏层位关系、所伴出典型瓷器判断济南卫巷遗址出土这批金银器的时代当为北宋早中期。

卫巷遗址处于济南老城区的偏南部，偏离宋元时期的城市中心，这批金银器窖藏所处的灰坑平面形状较为随意，坑壁和坑底也未见修整加工的痕迹，似为匆匆挖掘而成，结合史料记载，北宋晚期济南地区多次遭到外族入侵和匪乱骚扰，推测这批金银器窖藏的形成可能与当时战乱的社会环境有关。

图 4-1　济南卫巷遗址发掘现场

图 4-2　济南卫巷遗址探方底部

图 4-3　内藏金银器的黑釉双耳罐 H104：36

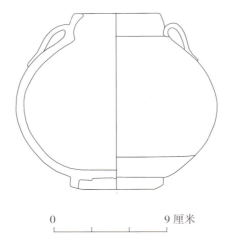

0　　　　　　　　9厘米

图 4-4　黑釉双耳罐 H104：36

凤头金钗华丽雍容，是首饰中最引人注目的一类，它在唐代已崭露头角。宋代的凤头金钗造型繁复，济南卫巷遗址出土的这件凤头金钗着力突出凤首部分，凤凰尖喙、闭嘴，颈后的羽毛飞扬飘动，凤颈弯折过来顺势成为管状的凤身，具有明显的写实风格。

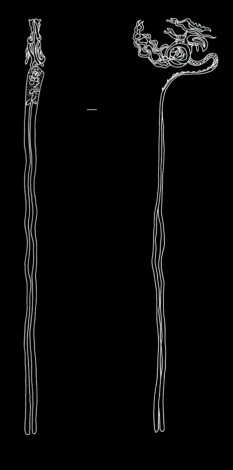

 42. 宋凤头金钗

编号：H104：1
尺寸：通长 22.3 厘米
重量：54.0 克
2008 年济南卫巷遗址宋代窖藏出土

女性发饰，金质。钗身圆柱形，顶端呈"S"形。钗首锤揲作凤鸟状，凤冠为皇冠形。翎羽、眼睛等部位刻划细致，喙部微张下弯，凤身处镂孔，羽翼为带状，作昂首振翅高飞之势，尾部三条带状凤尾。钗脚自钗首底部盘旋扭结后分成两股，作纽索状连接，纽索桥面上錾刻有凸点装饰。

0　　　　　　　　　6 厘米

（局部）

　　折股钗的主要用途是将头发挽住，避免散乱。使用的时候往往要使它形成一个弧度，横穿于发髻；或一支钗在前面，两支钗将发髻挽于头顶；也有的在前面用梳子把头发拢紧，侧面用一支折股钗固定，来挽住发髻。折股钗是两宋时期乃至元代最为流行的样式，钗梁或光素无纹，或装饰纹饰，或打出银铺号、工匠名，也有的标识发钗的成色及重量等信息。简单明了，让消费者一目了然。济南卫巷遗址宋代窖藏出土的这件折股金钗上就在钗梁顶端和钗脚处分别錾刻了"吴二郎造"款识，类似于今天的注册商标或防伪标志。能起到良好的广告宣传和商业推广作用。

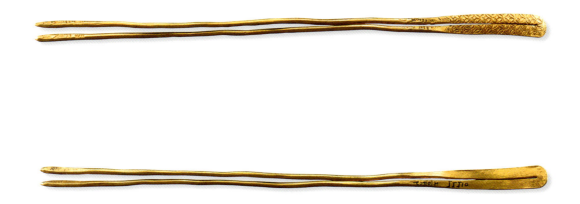

43. 宋折股金钗

编号：H104：2
尺寸：通长 20.2、钗梁直径 2.5 厘米
重量：38.12 克
2008 年济南卫巷遗址宋代窖藏出土

女性发饰，金质。实心。整件发饰造型简单，钗臂呈圆柱形，钗梁顶部一侧经锤揲成扁圆状，钗梁上錾刻毯路纹加以点缀，钗梁顶端及钗脚处均錾刻有"吴二郎造"款识。与钗臂相比，钗脚处明显尖细，便于簪发、插戴。

（局部）

0   6厘米

折股钗一般都很长，常常成对使用，插发的方式可以分为很多种，常见的有斜插、竖插、后脑插、侧面插等，可以同时插戴数支折股钗，左右各一支是最基本的方式，最夸张的做法是满头插，左右两鬓各安插6支，形成十二金钗，位置高低不同，造型错落有致，颜色闪亮，宝石璀璨，加上流苏等坠饰，其炫彩夺目、奢华美丽程度可见一斑。这些大小各异、繁简有致、精彩纷呈的发钗可谓点睛之笔，将东方女子发髻摇摇欲坠、温婉柔美之态诠释得细致入微。由此可见，发饰绝对是古代女子最爱的配饰之一。尤其是长脚圆头簪和长折股钗是北宋后期女子最重要、最喜爱的发饰。

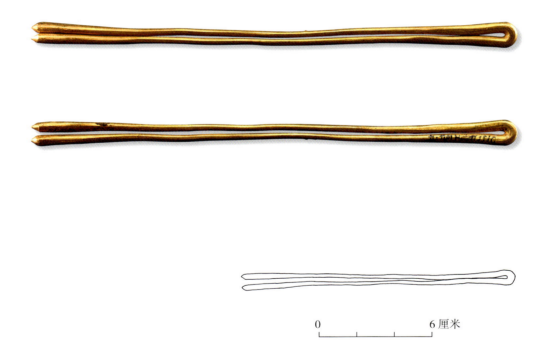

0   6厘米

44. 宋折股金钗

编号：H104:3
尺寸：通长 14.5、钗梁直径 2.2 厘米
重量：29.96 克
2008 年济南卫巷遗址宋代窖藏出土

女性发饰，金质。实心，钗梁光素无纹饰，钗臂呈圆柱形，钗角尖细，便于簪发、插戴。与花式繁多，工艺复杂的其他类型发簪相比，折股金钗更注重线条之美，在饱满、圆润、自然之间的延伸与转折，虽式样简单，却非常实用，是女性日常生活中使用频率很高的发饰之一。

（局部）

0 　　　　　　　　6厘米

45. 宋折股金钗

编号：H104∶4

尺寸：通长 21.2、钗梁直径 2.5 厘米

重量：29.05 克

2008 年济南卫巷遗址宋代窖藏出土

女性发饰，金质。实心。这件折股金钗造型简单，钗臂呈圆柱形，钗
角尖细，钗梁光素无纹饰。钗梁顶端及钗脚处均錾刻有"足金"款识。

　　宋代崇尚牡丹，视为美好富贵的象征。牡丹纹饰盛行，服饰、配饰、瓷器等常见牡丹的身影，表现技法有刻花、印花、绘画等，形式有独枝、交枝、折枝、缠枝等。这对耳环上刻划得牡丹花朵硕大，造型夸张，配上明亮的金黄色，十分吸睛。值得一提的是，工匠在制作时充分考虑了佩戴者的感受，巧妙地采用了空心设计，应为金皮反复锤揲而成，佩戴起来十分轻巧，不会给佩戴者带来沉坠之感。

46. 宋牡丹纹金耳环

编号：H104：7
尺寸：装饰部分高 3.2、耳环脚高 3.3 厘米
重量：5.48 克
2008 年济南卫巷遗址宋代窖藏出土

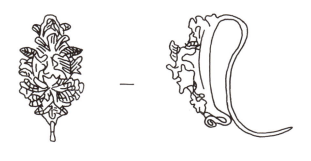

0 ⊢―――――⊣ 3厘米

47. 宋牡丹纹金耳环

编号：H104：8

尺寸：装饰部分高 3.0、耳环脚高 3.3 厘米

重量：5.46 克

2008 年济南卫巷遗址宋代窖藏出土

女性耳饰、2 件、金质。这 2 件金耳环大小形制基本相同。空心，装饰部分为立体的牡丹花纹饰一组，花朵正值盛开，花瓣层叠舒展，花叶茂盛，其上錾刻长短相间粗细交错的直线纹，形象刻划了花瓣和花叶上的脉络，花叶错落有致，后接细长的实心锥形脚，尽显雍容华贵之色。

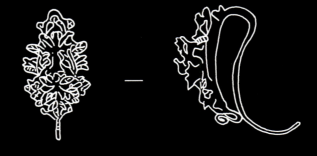

0   3 厘米

48. 宋化生童子金耳环

编号：H104：5

尺寸：装饰部分高 2.9、耳环脚高 2.7 厘米

重量：3.91 克

2008 年济南卫巷遗址宋代窖藏出土

女性耳饰，2 件，金质。耳环大小、形制基本相同。装饰部分使用锤揲、錾刻、镂空、掐丝等工艺打造为化生童子形象。童子头戴花冠并配有掐丝而成的飘带，脸庞丰润，神态安详，五官、头发均錾刻而成且额头中心均有一圆圈，用来表示白毫相光。身着交领右衽衣，身前各雕刻有一芭蕉叶，叶脉叶纹清晰可见。童子背后的衣服亦錾刻有衣褶，中心焊接有一长条，长条末端与耳环脚相连接。童子脚踩盛开的莲花，莲花下有一近圆形花托，脉络清晰。莲花前后各有一朵五瓣形的花朵，雕刻细致入微，近似五角星形。童子腰部两侧各有一掐丝而成的垂带延伸至脚下，通过焊接巧妙地与身体连接在一起。

0   3 厘米

49. 宋化生童子金耳环

编号：H104：6

尺寸：装饰部分高 3.2、耳环脚高 2.8 厘米

重量：3.80 克

2008 年济南卫巷遗址宋代窖藏出土

0   3厘米

50. 宋金环

编号：H104：9
尺寸：外径 2.6、内径 1.4 厘米
重量：7.83 克
2008 年济南卫巷遗址宋代窖藏出土

饰件，2 件，金质。2 件金环大小、形制基本相同。制作方式为金片锤揲成扁平璧状，通体光素无纹。正面里外边沿略高出平面，金环表面有凹凸不平的细小颗粒。无款识。由于卫巷遗址出土的窖藏内没有发现与这两枚金环组合搭配的配件，具体用途不详，应为单独使用的饰件或是服饰、器物上的附属饰件。

0   3 厘米

0   3厘米

金 51. 宋金环

编号：H104：10

尺寸：外径 2.7、内径 1.4 厘米

重量：7.64 克

2008 年济南卫巷遗址宋代窖藏出土

🅢 52. 宋银壶

编号：H104:29
尺寸：残高 4.3、腹径 4.0、底径 1.2 厘米
重量：14.66 克
2008 年济南卫巷遗址宋代窖藏出土

银壶，颈部以上残缺。圆肩，深腹斜收，平底。素面
无纹饰。此银壶口小、腹大、中空。具体用途不详，
推测为盛装女性化妆品的容器。

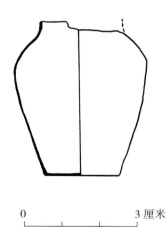

0 ⊢——————⊣ 3厘米

53. 宋刻花银盒盖

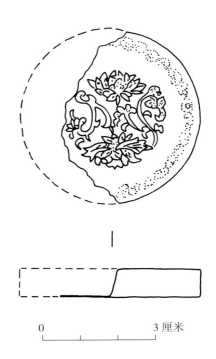

编号：H104：31
尺寸：盖残径约 3.9 厘米
重量：11.70 克（残重）
2008 年济南卫巷遗址宋代窖藏出土

女性化妆盒残件，银质。器盖残破，平面呈圆形，盖面
微弧，应为银皮锤揲而成，上有线刻花卉纹饰一组。外
沿还有一圈纹饰图案。从此银盒残盖形制来看，与长清
崮云湖宋代家族墓中出土的银盒十分相似，推测为女子
化妆盒，用以盛装化妆品的容器。

0　　　　　　　3厘米

0   3 厘米

54. 宋银盒

编号：H104∶33

尺寸：口径 3.0、底径 2.0、腹径 3.9、高 4.5 厘米

重量：7.24 克

2008 年济南卫巷遗址宋代窖藏出土

银质。容器。器身子母口，底部微弧，素面无纹饰，子母口下有一圆孔。盒身破损、变形。周身没有焊接痕迹。推测为盛护肤用品或胭脂水粉等化妆用品的容器。

　　佩饰，银质，共 2 件，配成一组。纹饰图案为狮子滚绣球，两狮形制相似，鬃毛卷曲，四肢前伸，一狮头向左转，一狮头向右转，整体作蜷伏状，神态自然，表情生动。根据这 2 件佩饰的前后端均有穿孔的痕迹，推测其原功用应为帽花或服饰配件。狮子在佛教中是吉祥、辟邪的神兽，同时又有"太师""少师"的谐音，寓意着荣华富贵。

　　帽花的材质有很多种，如金、银、铜、玉、宝石等。如今留存下来的帽花多以银器为主，造型有很多种，动物类的有麒麟、老虎、狮子、蝙蝠等；文字类的有福禄寿喜、长命百岁、状元及第等；人物类的帽花，比如八仙、菩萨等。这些小巧精致的装饰品不仅能装点帽子，还能起到画龙点睛的效果。

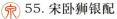

55. 宋卧狮银配

编号：H104：11

尺寸：长 7.0、高 3.0 厘米

重量：25.22 克

2008 年济南卫巷遗址宋代窖藏出土

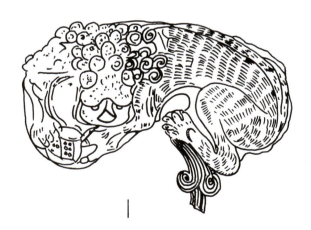

0   3厘米

🔖 **56. 宋卧狮银配**

编号：H104：12

尺寸：长 8.6、高 2.8 厘米

重量：29.59 克

2008 年济南卫巷遗址宋代窖藏出土

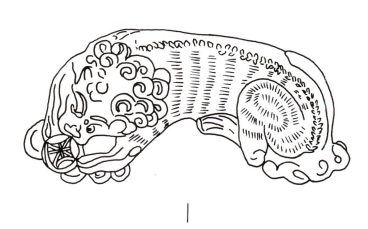

0　　　　　　　3厘米

钳镯和缠钏是两宋乃至金元时期比较流行的腕饰和臂饰，其中以金银材质的最为常见，是适合日常穿搭佩戴的基本款式。两宋时期的钳镯由唐代手镯发展演变而来，主要分为宽式钳镯和窄式钳镯两种。宽式钳镯通常在镯面做出两道或两道以上的弦纹，窄式钳镯由于镯面上空间有限，一般没有弦纹。腕饰、臂饰在宋人的生活中出镜率极高，这一点可以在宋词中找到答案，如"约腕金环重，宜装饰"；秦观将女子佩戴手镯描写成"枣花金钏约柔荑"，并将女子手上佩戴着金光璀璨的镯子视为潮流和时尚。苏轼则写道："夜来春睡浓于酒，压褊佳人缠臂金"；南宋女词人朱淑真笔下"调朱弄粉总无心，瘦觉寒馀缠臂金"，形象地表达了她与恋人离别后无心梳妆打扮，无尽的相思折磨得自己憔悴消瘦，连手上佩戴的金缠钏都松脱了。宋词中诸如此类的描写不胜枚举，也从侧面反映出当时腕饰、臂饰之流行。

57. 宋刻花银钳镯

编号：H104：24
尺寸：镯面宽 1、长径约 6.3、短径约 4.5 厘米
重量：35.65 克
2008 年济南卫巷遗址宋代窖藏出土

女性腕饰，银质，1 对。钳镯是将银片打制弯曲，近环形，镯面较宽，中间开口，在镯面上打制一道弦纹。两端近开口处各錾刻有一组花卉图案，并拢时也能形成一组完整图形。该银钳镯通体氧化变黑，变形，无款识。

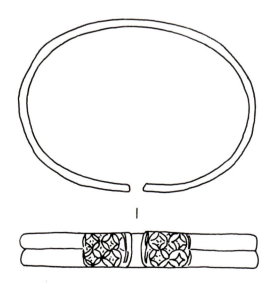

0　　　　　　　　　3厘米

58. 宋刻花银钳镯

编号：H104：28
尺寸：镯面宽 1.1、长径约 6.3、短径约 4.2 厘米
重量：35.31 克
2008 年济南卫巷遗址宋代窖藏出土

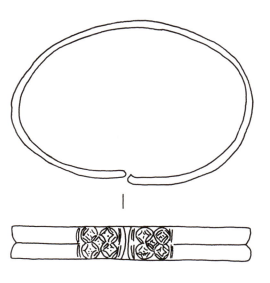

0 ⊢─┴─┴─┤ 3厘米

　　钳镯为两宋流行的金银腕钏之一，样式为中间宽，而向开口处的两端收窄乃至收细的扁银片，近端处由细丝缠绕或外翻打卷。钳镯有宽窄之分，厚薄之别。

　　对古人来说，臂饰并不单单是一种日常配饰，更是婚嫁聘礼首饰中非常重要的一类。宋代《梦粱录》中详细记载了民间嫁娶之俗："且论聘礼，富贵之家当备三金送之，则金钏、金镯、金帔坠者是也"。可见，"三金"是当时富贵人家嫁娶聘礼的标配，结婚购买"三金"之俗由来已久。而且，金钏和金镯虽同属腕饰，但必须都在聘礼之内。而金帔坠就是指霞帔坠子，顾名思义是挂在霞帔底部装饰用的小坠子。自明代开始根据材质区分身份等级。《明太祖实录》载：后妃钏镯用金玉珠宝翡翠；命妇钏镯一品用金、五品用银镀金、六品及士庶妻皆用银。

🔴 59. 宋刻花银钳镯

编号：H104：25
尺寸：镯面宽 1.0、长径约 7.2、短径约 4.5 厘米
重量：29.30 克
2008 年济南卫巷遗址宋代窖藏出土

女性腕饰，银质，1 对。钳镯是将银片打制弯曲，两端并拢时银镯近环形，镯面较宽，中间开口，在镯面中间有一道深深的凹槽。镯面抛光。两端近开口处錾刻花卉图案，并拢时则组成一组完整图案，为点睛之笔。银钳镯整体呈椭圆形。通体氧化变黑，稍有变形，无款识。

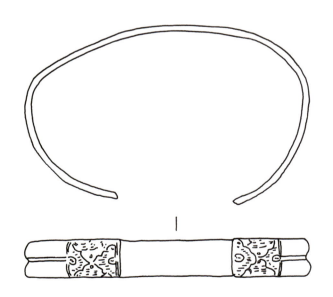

0   3 厘米

🔲 60. 宋刻花银钳镯

编号：H104：26
尺寸：镯面宽 1.1、长径约 7、短径约 4.6 厘米
重量：29.90 克
2008 年济南卫巷遗址宋代窖藏出土

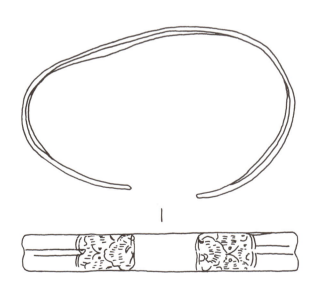

0 　　　　　　　　3厘米

　　和钳镯不同，缠钏是套在上臂的环形首饰，早在汉代就已出现，至唐宋时期普遍流行，并一直持续到民国时期。由于缠钏多为金、银所制，因此也叫"缠臂金""缠臂银"。缠钏的款式多样，尤其是连接处的活环可以根据手臂粗细伸缩调节。

61. 宋银缠钏

编号：H104：22
尺寸：残高 3.6、环径约 5.5 厘米
重量：16.14 克
2008 年济南卫巷遗址宋代窖藏出土

　　银质。缠钏是将细银条打制成环镯状，在镯头用粗丝缠作活环与下层的连环套接，可以用活环的左右滑动来调节松紧。该缠钏残件素面无纹饰，通体氧化变黑，有残断，活环不存，无款识。从现在留下的四圈来看，此缠钏原来应有数圈甚至十几圈之多。

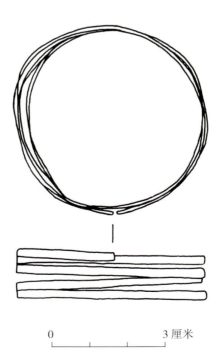

0　　　　　　　3厘米

　　银缠钏也称缠臂银，一般成对佩戴。缠钏繁简有别，简单的有一圈，三四圈，七八圈，复杂的多达十几圈，其特别之处就在于首尾两端缠有金或银丝做成的活动抓手，可以调节松紧。除了圈数有别，纹饰也有不同。有錾刻纹饰的缠钏称为"花钏"；素面无纹饰的则称为"素钏"。济南卫巷遗址出土的宋代银缠钏即为单环式"素钏"。单环式的臂环是臂饰中最常见的一类形制。从材质上看，玉、牙、骨、竹、木、陶等制成的臂环多为封闭型，不可调节大小；而金属制成的臂环有封闭的，也有开口的，便于调节及佩戴。

 62. 宋银缠钏

编号：H104：27
尺寸：镯面宽 0.25、残径约 4.5 厘米
重量：3.34 克
2008 年济南卫巷遗址宋代窖藏出土

银质。此银缠钏为单圈形制，近圆形，镯面较窄，抛光，素面无装饰，出土时已残断为 3 截。通体氧化变黑，无款识。

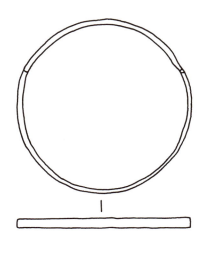

0　　　　　　　　　　3 厘米

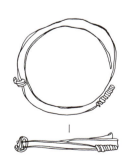

0 ————————— 6 厘米

63. 宋银缠钏

编号：H104：34
尺寸：残高 1.3、环径约 5.4 厘米
重量：10.0 克
2008 年济南卫巷遗址宋代窖藏出土

银质。缠钏是将银片锤扁，打制成环镯状，再盘绕成螺旋圈状，在镯头用粗丝缠作活环与下层的连环套接，可以用活环的左右滑动来调节松紧和大小。该缠钏素面无纹，通体氧化变黑，变形严重，有残断，无款识。

64. 宋银缠钏

编号：H104：21
尺寸：残高 3.1、环径约 5.5 厘米
重量：25.30 克
2008 年济南卫巷遗址宋代窖藏出土

银质。缠钏是将银片打制成环镯状，在镯头用粗丝缠作活环与下层的连环套接，可以用活环的左右滑动来调节松紧和大小。该银缠钏饰弦纹，残断变形，通体氧化变黑，无款识。

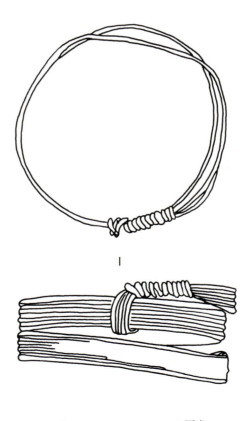

0   3厘米

🔴 **65. 宋银缠钏**

编号：H104：23

尺寸：残高3.8、环径约5.3厘米

重量：40.45克

2008年济南卫巷遗址宋代窖藏出土

银质。缠钏是将银片打制成环镯状，盘绕成螺旋状，
形似弹簧，饰弦纹，在镯头用粗银丝缠作活环与下层
的连环套接，通过活环的左右滑动来调节松紧和大小。
通体氧化变黑，有残断，无款识。

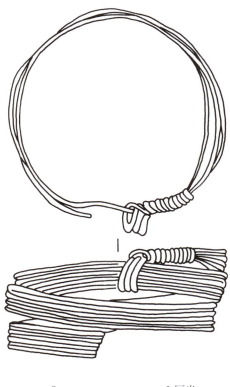

0   3厘米

66. 宋银缠钏

编号：H104：20

尺寸：残高 4.5、环径约 5.5 厘米

重量：77.15 克

2008 年济南卫巷遗址宋代窖藏出土

银质。缠钏是将银片打制成环镯状，在镯头用粗丝缠作活环与下层的连环套接，可以用活环的左右滑动来调节松紧和大小。该银缠钏饰弦纹，通体氧化变黑，无款识。

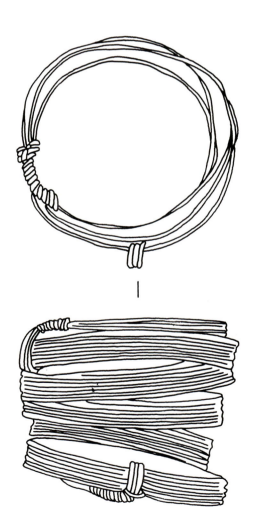

0   3厘米

　　竹子四季常青，外形俊逸，代表君子清华其外、淡泊其中、清雅脱俗的高洁气质，也有步步高升、节节高升的美好寓意。此外，梅、兰、竹、菊也是常见的纹饰形象。这些纹饰既可单独出现，组合搭配则代表不同的含义。如竹、梅花和松是"岁寒三友"，是君子的化身；梅花、竹子和喜鹊一起代表"梅竹双喜"；梅花、竹子和绶带鸟同时出现象征着夫妻"齐眉祝寿"；竹子和瓶子在一起则代表"竹报平安"。

🔴 67. 宋竹节纹折股银钗

编号：H104：13
尺寸：通长 18.0 厘米
重量：26.79 克
2008 年济南卫巷遗址宋代窖藏出土

女性发饰，银质。银钗折股，是把银条盘旋扭结后对折为两股，钗梁部分敲制成竹节形状，左右对称，近圆柱体钗脚。整体呈"U"形，双股尾。钗体变形严重，通体氧化变黑。无款识。整体线条流畅，造型简洁大方。

（局部）

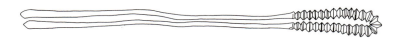

　　宋代钗饰就材质而言，主要分为贵金属与宝玉石这两大类别。金属钗中，金钗是最为珍贵的一种，是宫中后妃、贵族千金、大家闺秀的专属配饰。韩愈曾在《酒中留上襄阳李相公》中写道："银烛未销窗送曙，金钗半醉座添春。"杜牧《倡楼戏赠》也说："无端有寄闲消息，背插金钗笑向人。"

　　银钗虽不及金钗珍贵，但其造型丰富，银光闪闪，是小家碧玉们的最爱。除了金银钗，铜钗也是常见的发饰之一，多为家境贫寒的女子使用。这也直观体现了封建社会森严的等级制度。从某种程度上来说，古代女子头上佩戴的发饰是身份和地位的象征。平民百姓家的女子没有能力和没有资格购买贵重奢华的金钗，只能选择一些造型简单、材质普通的发钗来挽住发髻，满足自己的爱美之心。

🔴68.宋竹节纹折股银钗

编号：H104：14
尺寸：通长 19.0 厘米
重量：39.96 克
2008 年济南卫巷遗址宋代窖藏出土

女性发饰，银质。银钗折股，钗梁装竹节纹，两边对称，钗脚扁平。整体呈"U"形，双股尾。钗体变形严重，通体氧化变黑。有款识，可辨"□家真银"。应是当时银铺的名号。

（局部）

0　　　　　　　6厘米

69.宋折股银钗

编号：H104：17
尺寸：通长 14.7 厘米
重量：25.05 克
2008 年济南卫巷遗址宋代窖藏出土

女性发饰，银质。折股、圆柱体钗梁，钗梁光素无纹饰，
近圆柱体脚。银钗整体呈"U"形，双股尾。钗体弯曲，
变形严重，通体氧化变黑。无款识印记。

0　　　　　　　6厘米

70. 宋折股银钗

编号：H104：16

尺寸：通长 14.6 厘米

重量：23.77 克

2008 年济南卫巷遗址宋代窖藏出土

女性发饰，银质。银钗折股、圆柱体钗梁，钗梁光素无纹饰，近圆柱体脚。整体呈"U"形，双股尾，两股之间的距离较小。钗体对折弯曲，变形严重，通体氧化变黑。钗梁有款识，字迹模糊不清，仅能辨认"□□二郎□"。

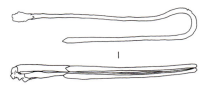

0　　　　　　6厘米

71. 宋折股银钗

编号：H104∶15
尺寸：通长 14.5 厘米
重量：24.93 克
2008 年济南卫巷遗址宋代窖藏出土

女性发饰，银质。银钗折股，钗体呈"U"形，双股尾。
圆柱体钗梁，近圆柱体脚，略尖，便于日常插戴。钗体弯曲，
变形严重，通体氧化变黑。无纹饰，无款识。

0　　　　　　　　6厘米

　　镊子是用来拔除杂乱毛发，修饰面容或夹取细小东西的一种实用工具，一般是金属材质。根据镊子头部的差异，可以分为直头、平头和弯头三种。由于这几把银镊子和金、银折股钗、凤头金钗、金耳环等首饰共同出土于卫巷宋代窖藏中，因此也有人认为它也是当时的一种发饰，按照镊子的形制来看，可能是小型发钗或别发的发卡。

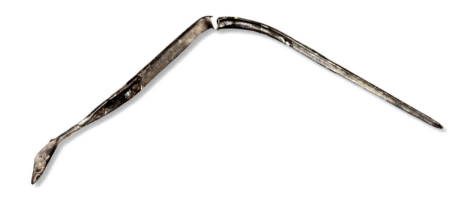

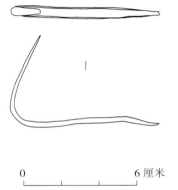

0   6厘米

72. 宋银镊子

编号：H104：36
尺寸：通长7.8厘米
重量：10.32克
2008年济南卫巷遗址宋代窖藏出土

银质。梁截面扁圆，镊脚呈扁圆锥状，素面
无纹饰。变形严重，通体氧化变黑。无款识。

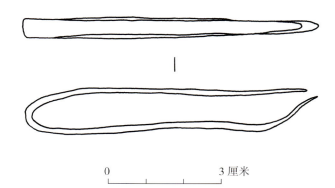

0   3厘米

🔴宋 73. 宋银镊子

编号：H104：19

尺寸：通长 7.6 厘米

重量：11.47 克

2008 年济南卫巷遗址宋代窖藏出土

女性发饰，银质，整体呈"U"形。梁截面扁圆，镊子脚呈扁圆锥状。
素面无纹饰。通体氧化变黑。无款识。从形制上来看，银镊子就
像是缩小版的折股钗。二者的区别就在于折股银钗的钗梁及钗脚
为圆柱形而银镊子为扁平银条状。其扁圆锥状的镊子脚自上而下
逐渐收细，一脚略微弯曲，另一脚平直，方便日常插戴。

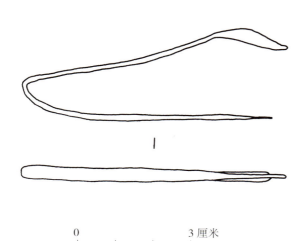

0   3 厘米

74. 宋银镊子

编号：H104：30
尺寸：残长 13.6 厘米
重量：20.87 克
2008 年济南卫巷遗址宋代窖藏出土

女性发饰，银质。整体呈"U"形。截面扁圆，镊子
脚呈扁圆锥状。素面无纹饰。通体氧化变黑。无款识。

货币，银质。呈不规则长方体，残缺，损毁明显，流通使用痕迹明显，通体氧化变黑，底部蜂窝孔洞和锭面丝纹明显可见。

银锭是熔铸成锭的白银。目前出土银锭中，汉景帝中元二年（公元前148年）所铸的银锭年代最早。汉武帝元狩四年（公元前119年）作白金（即白银）三品。王莽铸有银货二品。以后历代朝廷都铸造银锭，但流通范围相对较小。关于"银锭"的叫法，隋唐以前还有"银饼""银铤"等叫法。扁平形银币称为"钣""笏""版"；棒形的则称"铤""挺"，宋以后改称"银锭"。元代于银锭之外总称"元宝"，形式变为马蹄形，故亦称"马蹄银"。明清两代均沿用"元宝"一词。

75. 宋银锭

编号：H104：35

尺寸：长1.8、宽1.0厘米

重量：38.90克

2008年济南卫巷遗址宋代窖藏出土

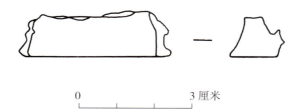

0   3厘米

济南长清区崮云湖宋代墓

2012 年 12 月，济南市考古研究院对位于长清区崮云湖办事处的 3 座宋代石室墓葬进行了抢救性考古发掘。墓葬位于 104 国道与长清区工业一路路口西 0.5 千米的山前丘陵缓坡地带，3 座墓均距地表深约 4 米，东西并排排列，自西向东分别为 M1、M2、M3，为一处宋代家族墓地。

M1 为穹隆顶石室墓，方向 197°，其东为 M2。M1 由墓门、甬道、墓室组成。南为墓道，北为墓室。墓道南端存阶梯式墓道 4 级，以下为斜坡直至墓门，长 3.6、宽 1.3～1.6、最深 1.92 米。发现时墓顶已被挖开，石块掉落于室内淤土上。从痕迹来看，石块朝向墓室内的一侧加工细致，呈带凿点的弧面，其余几面均加工粗糙。

M2 为石室墓，平面呈方形，直壁，平底（图 4-5、6），墓圹边长 3.00、残存深 0.20 米，开口于扰土层下，打破生土，残墓口距离地表约 4.00 米，墓向 290°，墓顶是用两排不规则的石板作为盖板，在墓顶的盖板上部中央放置一合墓志，墓室是用不规则的巨石块上下两面稍作加工，使上下面略平，以便于砌筑，石块内侧经过细致加工，两石之间用石灰粘接，墓室东西长 2.30、南北宽 2.00、高 0.80 米，中间用两根石柱子把墓室分成南北两个室，两墓室长约 2.28、高 1.08 米，南墓室宽 0.87、北墓室宽 0.91 米，两墓室各放置一棺，棺木均已朽为板灰，从板灰痕迹看，棺均为梯形，两棺内都铺有一层厚 0.03～0.05 米的青灰膏泥。南棺长 1.90、宽 0.58～0.62 米，墓主为男性，头向西，年龄不详，葬式为仰身直肢葬，人骨架保存一般。北棺长 1.90、宽 0.50～0.55 米，人骨架朽为粉状。根据北室随葬品推测墓主为女性，头向西，年龄不详，葬式为仰身直肢葬，墓底是用厚度为 0.10 米的不规则的石板铺砌，并延伸至四壁中，推测该墓在建造时，挖好墓坑后，先铺一层石板，再在石板上砌筑墓室。

图 4-5　济南长清崮云湖宋墓 M2

　　M1 石棺床上放置两具木棺，两棺均东西向，腐朽较甚，北棺尚存一块盖板。共出土器物 16 件。其中北棺骨架头向西，侧身屈肢。棺内西部有长方形漆箱，已朽，仅存朱、黑两色漆皮；内置圆铜盒、鎏金铜带扣、"亚"字形铜镜各 1 件，骨架下有铜钱若干。南棺内骨架头向西，俯身直肢。头骨西部放置白瓷盏、白瓷粉盒、铜镜、铜小勺、铜簪各 1 件，骨架下有铜钱若干。淤土中有黑瓷碗 2 件、金耳环 2 件、器形不辨的漆器 1 件。

　　M2 共出土器物 26 件（图 4-7 ～ 12）。其中墓顶上方正中放置墓志一合。南室墓主股骨间置铜印章 1 枚。腰部有玛瑙珠 2 件、银带扣 1 件，头部北侧放置花瓣形漆奁 1 件，腐朽较甚，内置小银盒 1 件、方木镜匣 1 件、铜镜 1 件。头侧置铜小勺 1 件。棺角处放铁环 4 件。北室棺内头骨南侧置漆奁 1 件，已残碎。内置花瓣状铜镜、铜饰、金钗各 1 件，另有小瓷粉盒、小铜杯、小铜盒、漆盒、香囊各 1 件，内均有粉状、板结状残留物。棺角处有铁环 2 件。铜钱 1 组。

　　根据墓志的明确记载年款，该墓为宋代墓。

图 4-6　济南长清崮云湖宋墓 M2

图 4-7　济南长清崮云湖宋墓 M2 出土器物

图 4-8　济南长清崮云湖宋墓 M2 出土器物

图 4-9　济南长清崮云湖宋墓 M2 出土宋焆墓志盖拓片

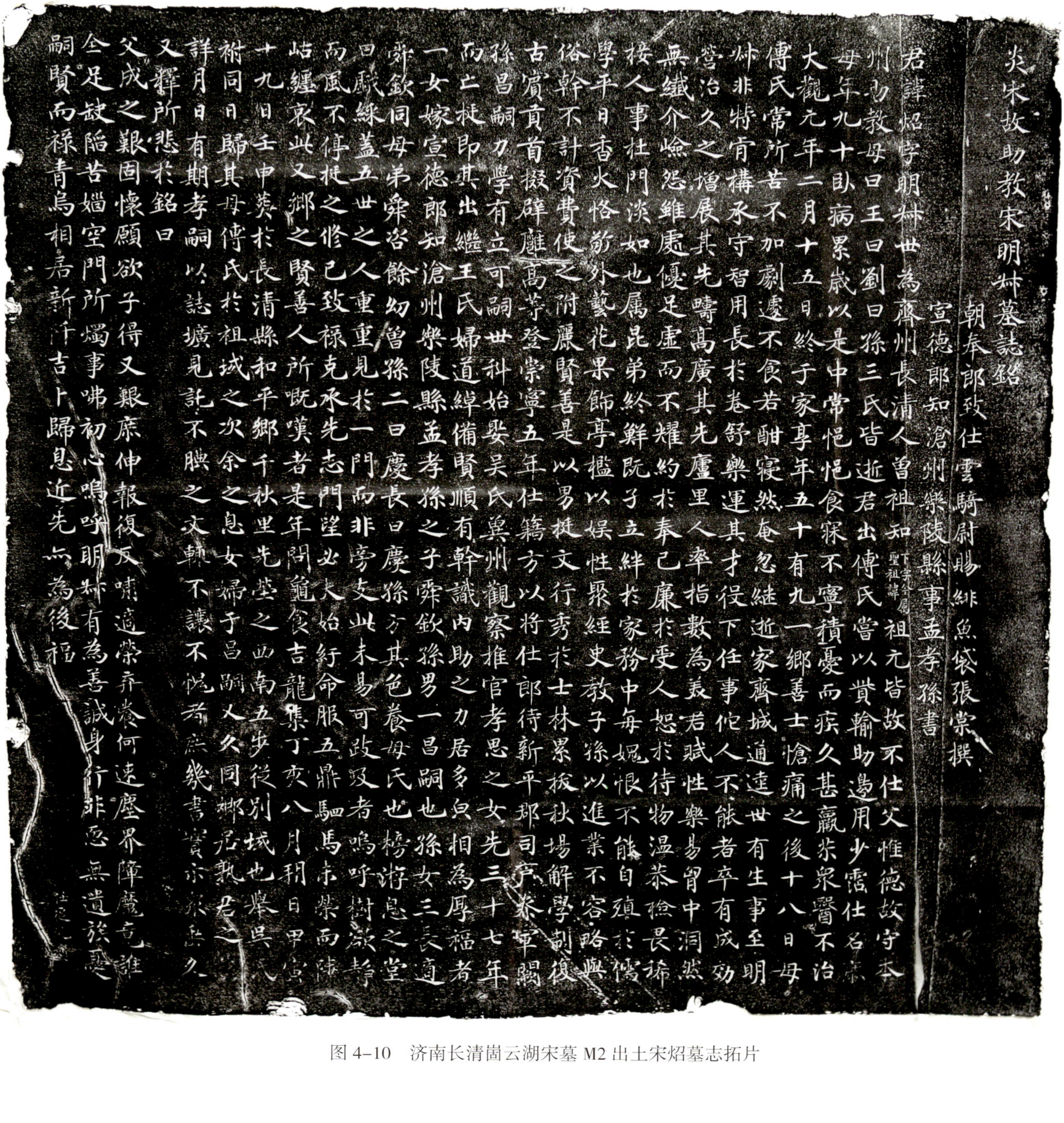

炎宋故助教宋明州墓誌銘

朝奉郎致仕雲騎尉賜緋魚袋張崇撰

宣德郎知滄州樂陵縣事孟孝孫書

君諱焰字明卿井世為蘇州長清人曾祖知滄州樂陵縣事孟孝孫書……

大觀九年十一月十五日終于家享年五十有九一鄉善士……

母氏常所宥構苦……

營治久之……

無纖介……

按平日香火恪如……

學幹不計資費……

俗賓貢首撰碑雕鏤之人……

古昌嗣即其出知繼……

而上挺同母弟舜咨……

一女嫁宣德郎知……

弟欽同世之……

回獻風哀此……

而嵗綿裘此……

十九日壬申葬於……

詳釋所悲於銘曰……

又丁成之艱固懷願欲子得又艱……

父成之艱固懷……

全足故陷苦嫡空門所……

嗣賢而祿青烏相嘉新汴吉卜歸息近先無為後福

图4-10　济南长清岗云湖宋墓 M2 出土宋焰墓志拓片

图 4-11　济南长清峙云湖宋墓 M2 北棺出土奁盒

图 4-12　济南长清峙云湖宋墓 M2 出土银盒

76. 宋银盒

编号：M2:3-3
尺寸：直径 4.57 厘米
重量：52 克
2012 年 12 月济南长清崮云湖宋墓出土

女性化妆用具，银质。银盒为圆形，由盒盖与盒身两部分组成，以子母口相扣合。盒盖与盒底形状一样，上下子母口扣合紧密，无缝隙。银盒光面，通体无纹饰。氧化变黑。盒身完整，盒盖有破损、变形。盒内残留板结状硬化物，成分未测；推测为护肤用品或胭脂水粉之类的化妆用品。

77. 宋高浮雕马球图鎏金银带扣

编号：M2:9
尺寸：长 12.8、宽 6.0、厚 1.85 厘米
重量：119 克
2012 年 12 月济南长清崮云湖宋墓出土

男性腰饰，银质。这件银带扣出土时位于墓主人腰部，表面
鎏金已脱落殆尽，正反面及扣环均有精美花纹，分别为高浮
雕马球图、线刻荷塘大雁图和高浮雕牡丹蹴鞠图。

　　笄、簪、钗都是古代用来固定头发或顶戴的发饰，同时兼有装饰作用。一般单股（单臂）为笄或簪；双股（双臂）的形似叉，故称为钗或发钗。折股钗的通常做法是将整根金银条或片盘旋扭结后对折为两股。

78. 宋折股金钗

编号：M2：15
尺寸：长 19 厘米
重量：23.74 克
2012 年 12 月济南长清岚云湖宋墓出土

女性发饰，金质。金钗整体呈"U"形。钗臂实心，呈圆柱形，分两股，钗梁光素无纹饰，无款识。

耳环是古人的耳饰，从现有出土文物看，耳饰早在原始社会就已出现，男性也可以佩戴，并不是女性的专属配饰，但历来是深受女子欢迎的配饰之一。耳饰在女性配饰中占有极其重要的地位。不论是中原女性耳饰，还是造型夸张的少数民族风格耳饰都各具特色。数千年来，耳饰种类丰富，材质多样，式样繁多，配色绚丽，而且具有吉祥美好的寓意，经久不衰。晶莹别透、玲珑有致的耳饰垂坠于耳边，像繁星，似露珠，随着女子步履轻盈的节奏轻轻摆动，摇曳多姿。

79. 宋银耳环

编号：封土墓中（无号）
尺寸：残长 1.2、宽 1.5、高 0.25、厚 0.2 厘米
重量：5.00 克
1999～2001 年章丘洛庄汉墓封土墓出土

耳饰，银质。耳环用一根细细的银条折弯而成，现存部分呈马蹄形，根据宋代耳环基本形制推断，其后应该有"S"形圆柱状针脚，出土时即已残断无存。银耳环表面锈蚀严重，无法确定表面是否存在纹饰图案。整副耳环线条流畅，简洁大方。通体氧化变黑。

80. 宋菊花纹金耳环

编号：M1：1、M1：3
尺寸：M1：1 长 2.4、宽 0.84 厘米，M1：3 长 2.3、宽 0.77 厘米
重量：2.06 克
2012 年 12 月济南长清崮云湖宋代家族墓出土

女性耳饰，金质，2 件。耳环主体装饰部分椭圆形，中空，后接细长的"S"形实心锥形脚。这对
耳环大小、纹饰稍有差别，一只较大，一只稍小，均为花朵纹饰。M1：1 是在主体中心位置錾刻出
一朵立体菊花，花朵中心为一圆形花心及花蕊，半圆形花瓣六瓣，均匀围花心一周分布，其上以细
线雕刻出花瓣脉络，花朵两侧各雕刻出花叶一对；M1:3 纹饰与 M1:1 大体相似，只是外沿一圈饰连
珠纹饰。底部背景的磨砂工艺让耳环金光闪烁，庄重大气。

济南七家村宋墓

1998 年济南市考古研究院对位于济南市历下区十亩园的七家村宋代墓葬群进行考古发掘。墓葬包括洞室墓和土坑砖室墓两种形式。共清理宋代墓葬 57 座，其中 49 座均有随葬品，种类含陶器、铜器、铁器、瓷器、金银器、骨器和石刻等。该墓群是距古城最近的墓地，也是济南市区一次性发掘宋代古墓葬最多的一次，是济南市发现的墓葬分布密度最大的墓群。七家村宋代墓地的发掘对于研究济南城市变迁史具有重要学术价值。

本书中收录的这对宋代金耳环是七家村 57 座墓葬中出土的唯一一对黄金耳饰，该耳环虽样式简单，体量纤细，但对研究北宋时期女性的日常佩饰风格和特点提供了一手资料，具有重要的历史价值。

金 **81. 宋金耳环**

编号：00594
尺寸：直径 2.42 厘米
重量：5.45 克
1998 年济南历下区十亩园七家村宋墓出土

女性耳饰，金质，1 对。耳环由一根金材打制而成，整体呈 "S"
形，前半部分形似曲线柔美的一弯新月，后接实心圆形细弯
耳环脚。整副耳环线条流畅，纹饰简洁大方。

五 元代

　　元代金银器南北风格差异较大，北方及草原地区一直以来受游牧文化的影响，金银器多呈现出风格粗犷、简洁实用的特点；而中原和南方地区则深受宋朝文化的浸润，金银器明显造型精致、细腻美观。

　　济南市考古研究院藏元代金银器是郎茂山元代家族墓出土的2件金耳饰。

济南郎茂山路元代家族墓

2005年1月，济南市考古研院对位于济南市市中区郎茂山路元代家族墓葬进行了抢救性发掘。发掘墓葬3座，编号为M1、M2、M3。出土金器、瓷器、陶器和铁器等各类文物20余件，其中包括金耳环2件。

M1平面总体呈"甲"字形，方向为190°，由墓室和墓道组成。墓室通过墓门和墓道相连，墓门门楣外侧有4个石雕团花图案，周围用红彩绘菱形花纹装饰。门楣内侧正中自左向右用楷书雕刻"寿春堂"三个大字，左侧楷书自上而下小字书刻："至元庚辰年九月吉日造"。墓室平面呈方形，内侧南北长3.60、东西宽3.50、高3.54米，墓室墙壁用规整的巨石垒成。

M2与M1结构相差不大，墓门门楣内侧楷书自左向右刻"幽邃堂"三字（图5-1、2）。

M3整体呈长方形，无墓道。用大型石块砌三个相连的长方形箱，上部用石板作盖。墓室内侧东西长3.9、南北宽3、高1.35米。

此次发掘共出土瓷器17件、金器2件、铁器1件、砚台1盒，瓷器有玉壶春瓶、黑瓷罐、香炉、碗、碟等器形。

图5-1　济南郎茂山路元代家族墓M2门楣幽邃堂

图 5-2　济南郎茂山路元代家族墓 M2 门楼

郎茂山元代墓出土这种耳环样式在多地元代墓葬中均有发现，基本形制相同，细微处略有差异，应为当时的流行耳饰。其制作方法是：选取一颗上小下大、形如茄子的绿松石，自上而下纵穿一个通孔，在绿松石的上端装饰不同数量的金花金叶，花叶上边配有小金托，用以镶嵌小型珍珠或宝石；一根与耳环脚相接的细金丝从绿松石的通孔中穿过，然后在底端盘绕成蜗牛形状，代表着花蔓、藤蔓或枝条，这样可以稳稳托住绿松石，不会使其摇晃松散。这种耳环造型别致，蓝绿色的松石、小托内的珍珠或宝石与耀眼的黄金形成了强烈的撞色效果，具有异域草原风情，深受当时蒙古族的喜爱。这种耳环配色方式与济南洛庄汉墓中出土的嵌绿松石金泡极其相似。

82. 元金耳环

编号：M2：6
尺寸：长 3.64、宽 2.63、厚 1.15 厘米
重量：5.91 克
2005 年济南郎茂山路元代墓出土

此耳环主体部分由黄金打造，最上面为大小不等的两个圆形凹槽连接，凹槽内原应有珍珠或宝石镶嵌，出土时惜已脱落不存，中间部分为一近水滴（茄子）形绿松石，最下面用金丝由绿松石孔中穿过，在其底部由内而外一圈圈缠绕而成，形似蜗牛，后接"S"形圆柱实心针脚。

　　耳饰，顾名思义就是用来装饰耳朵的佩饰，古代不分男女，均可佩戴，少数民族尤其流行佩戴耳饰，并将其视为身份地位的象征。耳饰材质繁多，以金属和宝玉石材质最为常见，主要款式包括耳珰、耳坠、耳环三种。

　　早期耳饰称为玦，基本形制同玉璧，但有缺口，直接夹入耳垂佩戴。到了汉代，又出现了耳珰这种耳饰，整体近似腰鼓形状，长2～3、直径1厘米左右。主要有两种造型：一种器形较圆，上端小，下端大，腰细，如喇叭形，中间穿一孔；另一种中部犹如喇叭形而上端成锥状，下端成珠状，身上无孔，佩戴时需要撑大耳孔后将其贯入其中。汉代乐府诗《孔雀东南飞》中描写刘兰芝"腰若流纨素，耳著明月珰"。考古资料显示，汉代耳珰以琉璃、玻璃、玛瑙、玉石等材质为主，尤以琉璃耳珰最为精彩，色彩丰富，有深蓝、浅蓝、绿数种颜色，皆半透明或无色透明，周身散发着明月般的光彩，因此被称为"明月珰"。两宋时期，文化高度发展，服饰端庄大方，各类配饰均出现在女性妆台之上，耳饰也得到了长足的发展，各种动植物形象都浓缩体现在小巧的耳饰之上，瓜果梨桃、花叶果实、飞禽走兽和人物纹饰都是常见题材。

83. 元金耳饰

编号：M2:5
尺寸：环径 1.7、内径 1.49、厚 0.13～0.19 厘米
重量：1.19 克
2005 年济南郎茂山路元代墓出土

耳饰，金质。残缺，现存部分圆环形，实心，素
面抛光，首尾相接处有细金丝缠绕数圈，下端残
缺无存，通体无纹饰，无款识。

六 明代

明代金银器制作前承宋元，后启清代，是古代金银器生产的又一鼎盛时期。

从考古出土的大量明代金银器看，这一时期金银器主要表现出三个明显特点：一是工艺更加繁复，表现手法更加丰富多样。与宋元时期的金银器相比，明代金银器深度融合前朝已有的锤揲、錾刻、累丝、掐丝、炸珠、镂空、焊接等多种工艺并加以创新改良，尤其推崇镶玉嵌宝的表现手法。二是装饰题材范围更加宽泛，透射出当时的祈福意愿。在中国历代金银器选材上，吉祥如意、美满幸福一直是首饰的首选主题，梅兰竹菊、牡丹花卉、龙凤狮子屡见不鲜。明代金银首饰题材在继承前代主流审美的基础上创新融入佛教、道教、戏曲元素，开发出流行的新纹样，这不仅是当时社会文化的缩影，也体现了人们追求消灾、祈福、辟邪的追求。三是首饰类型大幅增多。除簪、钗等基本款式外，明代金银首饰的分类更加细化，大大小小的簪钗依据插戴位置的不同而各有名称、各有用途。除了奢华的发饰，耳环在明代再次流行起来。

济南市考古研究院藏明代银簪出土于章丘女郎山古墓群明代墓。这一五瓣花卉银簪为明代常见发簪款式。也是出土的唯一一件明代银发簪。此外，M11、M30、M138、M308、M376、M392 各出土明代铜簪 1 件。M46 出土明代琉璃簪 3 件，M155 出土明代铜钗 1 件。本书未涉及。

章丘女郎山古墓群 M228

章丘女郎山古墓群中明代墓葬 84 座，墓葬形制有土坑竖穴墓、土坑洞室墓和砖（石）室墓三种。其中土坑洞室墓数量最多，占比 90% 以上，砖（石）室墓只有 2 座，M228 即是其中之一。

M228 位于第 IV 发掘区西部，T1224 西北部，扰土层下开口，距地表 1.5 米。墓葬形制为砖室墓，方向 185°，由墓道、墓门、墓室三部分组成。墓圹长 7.1、宽 4.2、深 3.9 米，墓室除墓壁下部用条石垒砌外，其余均用青砖砌筑。墓底北部中间紧贴北壁竖置一较大方砖，但没有文字，可能以此代表墓志。经清理，该墓随葬品较多，分别为瓷罐 2 件、瓷碗 2 件、青花瓷盘 2 件、青花酒杯 1 件、银簪 1 件、铜镜 1 件、铜带饰 1 件、铜钱 61 枚。

明代发簪的纹饰、质料有明显的等级之分，南北地区出土的发簪纹饰和工艺方面也表现出地域差别。考古资料显示，明代前期发簪簪首样式简洁传统、簪身一般比较短小，单一材质居多，玉器、宝石镶嵌的发簪占比较少。中期以后，随着中外贸易交流日益频繁，镶嵌各类进口宝石的发簪逐渐增多，这种发簪凭借新颖时尚的款式和鲜艳跃动的色彩被时人接受成为主流款式。同时，为节约成本，降低价格，满足不同社会阶层的需要，鎏金银簪开始出现，并迅速占领市场，深受欢迎。到了明晚期，在宫廷奢靡风气的影响之下，镶嵌宝石的发簪需求日益增多，工匠们在发簪类型、款式和工艺上不断推陈出新，让人目不暇接，至此，这类发簪占据明代金银首饰的半壁江山。

（局部）

金 84. 明银簪

编号：T1224M228：5
尺寸：通长 8.90 厘米
重量：8.41 克
2009 年济南章丘女郎山古墓群明代墓出土

女性发饰，银质。通体氧化变黑。无款识。簪首呈伞状，实为一五瓣形花朵，花瓣外沿肥厚并向内凹陷，花心外凸，上有圆形凸点，轮廓鲜明立体，花朵剖面酷似梅花。颈部细长，饰数条弦纹。远远看去，小巧的伞状簪首与纤细的颈部组合在一起，就像一朵小蘑菇。簪体整体为长锥体形状，近顶端为六棱体，剖面为六边形，向下逐渐变细渐收，至簪脚处呈锥形。为明代常见发簪款式。

七　清代至民国

　　金银器发展至清代，不论是造型设计还是工艺水准，均达到历代巅峰，可谓集中国古代金银工艺之大成。这时期除却奢华的金银器本身，工匠多镶嵌色彩丰富、材质珍贵的宝石，使金银器更加奢华、瑰丽，散发出浓郁的皇家气派；还有的创造性地将金银与和田玉、翡翠、珍珠、宝石甚至瓷器混搭组合成套装器具，展现出另类的风格与美感。这些混搭风金银器，以室内陈设用品居多，材质的碰撞、色彩的配合、大小的组合、构思的巧妙打破了以往人们对金银器庄重刻板的固定认知，带来活泼新颖的视觉感受，成为人们当时热衷追求的新时尚。

　　济南市考古研究院藏的清代金银器主要包括历下区法院清代墓、舜耕山庄清代墓、和平路47号建筑工地清代墓、章丘女郎山古墓群清代墓和魏家庄墓地清代墓出土的14件（套）。器形以饰件为主，有金耳坠、金簪、金帽花、银簪、银耳环和银扁方，还有2件银锭。此外，在华阳宫四季殿的维修过程中，考古工作人员还发现了298枚清代至民国时期的银圆窖藏。这些金银器，既有出自三品诰命夫人墓葬中的高规格金银器，也有等级较低的平民墓葬中出土的银饰，从器物材质、款式和纹饰可以明显看出等级差别。

济南历下区法院清代墓

位于济南市历下区历山路，2001 年 3 月发掘，该墓葬虽仅距离地面 1 米左右，整体保存完好，为长条青砖砌成的长方形墓室。棺材内部贴有红色绸布，一具保存完整的女尸头朝西北躺在棺内，身上盖着 4 层绣花红绸棉被，仅有头部露在外面。掀开棉被发现，墓主身高约有 1.5 米，她头戴凤冠，颈上挂有朝珠和玉坠，从内至外共穿了 4 层衣服，最外为清代官服，腰部还有带饰。肉眼可见其胸部、手部的皮肤还有弹性，但腹部已开始腐烂。尸体周围和身下铺有大量防腐防潮的灯芯草。根据棺材上红漆印着的"皇清诰封淑人先妣贺太淑人之灵柩"得知墓主是清代中晚期一位贺姓三品官员的母亲，即三品诰命夫人。

历下区法院清代墓出土金银器均为墓主随身佩带的发饰、首饰和服饰配件，分别为龙形金耳坠 1 对、蝙蝠寿纹金簪 1 枚、雕花金簪 1 枚、翡翠雕花银簪 1 枚、菩萨雕花银簪 1 枚、梅花形镶珍珠金帽花 1 件。除此之外，还有骨质翡翠杂宝朝珠 1 串，玉坠 2 枚，琉璃腰带饰一组，琉璃凤冠残件一宗。这些文物造型别致，工艺精巧，档次较高，生动展示了清代诰命夫人精致奢华的生活状态。

（局部）

85. 清雕花金簪

编号：00662

尺寸：通长 6.8、通宽 1.3 厘米

重量：7.86 克

2001 年 3 月济南历下区法院清代墓出土

女性发饰，金质。簪子头部为一只立体圆雕蝙蝠，簪体锥形，实心。头部錾刻的立体蝙蝠细致精巧，还有一个圆雕南瓜球。背面光素，錾刻"恭盛""原金"款识。金簪背后的"原金"款识代表了首饰的成色。

蝙蝠的蝠字与"福"同音，所以被古人视为"福"的象征，深受社会各阶层的喜爱。在女子发簪、发钗上，在衣服纹饰、瓶子纹饰上，房屋构件及家具纹饰上，常能见到这种小动物的身影。蝙蝠纹样变化相当丰富，有倒挂蝙蝠、双蝠、四蝠捧福禄寿、五蝠等。传统纹饰中将蝙蝠与"寿"字组合，曰"五蝠捧寿"。

86. 清蝙蝠寿纹金簪

编号：00661
尺寸：通长 8.8、通宽 1.8、厚 0.31 厘米
重量：24.32 克
2001 年 3 月济南历下区法院清代墓出土

女性发饰，金质。此金簪两头宽，细腰，两头各錾刻浮雕"双蝠捧寿"纹饰一组。两组纹饰之间以细密突出圆点相连。两头的蝙蝠体量稍大，身形舒展，眼睛圆睁，双耳直立，伏于脑后，双翅张开，似捧着寿桃，桃叶脉络清晰，桃子饱满圆润、新鲜诱人。蝙蝠周身羽毛以长短不一、深浅交错的细线表示，形象生动。中间两只蝙蝠体量相对较小，钱币上系结带，灵动飘逸，与寿桃遥相呼应。金簪中腰细窄，饰细密"回"字纹；背面光素，錾刻"足赤"款识。另有一款识，字迹模糊，辨识不清。

（局部）

在蝶恋花的组合纹饰中，蝴蝶和牡丹是常见的搭配元素。蝴蝶谐音"福迭"，意同蝙蝠，象征着福气；牡丹花型雍容、姿态万千，被尊为"百花之首"，深受国人推崇，在中国传统文化中被视为繁荣昌盛、幸福和平的象征，两者组合在一起寓意"花开富贵、吉祥如意"。

87. 清翡翠雕花银簪

编号：00663
尺寸：通长 10.9、宽 1.8、厚 0.7 厘米
重量：7.1 克
2001 年 3 月济南历下区法院清代墓出土

女性发饰，银质。银簪整体呈锥形，实心。簪首扁圆，镂刻出蝴蝶纹饰，内镶立体圆雕绿色翡翠花朵，是蝶恋花主题的纹饰。整件器物造型流畅，雕刻精美，线条圆润，宛如出水芙蓉般清新淡雅。

（局部）

🀄 88. 清菩萨银簪

编号：00664

尺寸：通长 12.5、宽 1.8、厚 0.1 厘米

重量：3.24 克

2001 年 3 月济南历下区法院清代墓出土

女性发饰，银质，表面原有鎏金，惜已脱落无存。簪首装饰部分设计为立体菩萨形象。菩萨脸庞丰润，五官立体及神态安详，似笑非笑。由于锈蚀严重，部分纹饰已模糊不清。她头戴花鬘冠、也像五佛冠，佩戴璎珞并配有掐丝而成的丝带饰品，端坐于盛开的莲花座上，右臂残断，左手上举，手持法器，边缘有一圈掐丝镶嵌。莲花座分上下两层，雕刻着仰覆莲瓣，细致入微，花瓣外沿还焊接着一圈掐丝装饰，更让人称奇的是，莲座还能转动，可见当时工匠的奇思妙想和精工巧作。莲座底部与锥形簪体焊接在一起。

（局部）

89. 清龙形金耳坠

编号：00660

尺寸：通长 2.48、通宽 2.6、厚 0.13 厘米

重量：8.10 克

2001 年 3 月济南历下区法院清代墓出土

女性耳饰，1 对 2 件，金质。坠身龙形，头尾卷曲呈 "C" 形，头部刻画生动传神，眼睛圆睁，炯炯有神，鼻孔上翻，嘴巴张开，周围以细线雕刻出胡须，轻柔飘逸，好似随风飘动，萌态可掬；头顶饰细密点状鳞片，凹槽内原应有宝石镶嵌，出土时惜已脱落无存；龙身錾刻出 14 组半圆形鳞片，饰以细密线条，尾巴舒展，似 "山" 形，并刻有长短相间的细线。

　　帽花是民间对帽饰的俗称，形状各异，以上大下小扁而平者最为常见，底下有象鼻眼，缀在帽子前面，戴上后对准鼻尖。由于它能帮助主人快速识别帽子前、后和判断帽子是否戴歪的作用，故此又有"帽正"之雅号。

　　明清时期，瓜皮帽盛行，帽正应运而生，而清朝，则是帽正流行的黄金时期。那时候，帽正不仅是一种简单的日常配饰，更是身份和地位的象征。皇亲国戚、达官贵族多使用和田玉、翡翠、珍珠、玛瑙、蜜蜡等材质珍贵的宝石帽正，平民百姓则用便宜的琉璃、玻璃、瓷片或金属片装饰自己的帽子。到了清末，虽朝政腐败、经济衰败、民不聊生，但帽正依然长盛不衰，只是，没有了雄厚的经济基础和贵重的宝玉石材料，许多达官贵人不再一味追求帽正的品质，五花八门的帽正跃然帽上，不再是身份和地位的象征了。帽正的形状，在此时更加多样化了，圆的、方的、多边的，不一而足。到了民国时期，民间银饰品种类丰富、样式齐全，工匠们将点翠、累丝等工艺和漂亮、吉祥的图案运用于帽花之中，使得小巧玲珑的帽花文化更为丰富精彩。民国后期，帽正逐渐退出了历史舞台，淡出了人们的视野。

90. 清梅花形金帽花

编号：00667
尺寸：长 2.0、厚 1.0 厘米
重量：2.8 克
2001 年 3 月济南历下区法院清代墓出土

女性帽饰，金质。金帽花为立体梅花样式，由内外双层花瓣及圆形花心托三部分焊接而成。这枚帽花个头虽小，但工艺十分精巧。双层花瓣外大内小，饱满圆润，中间花心托凹槽内镶嵌一颗圆形的金色珍珠，花瓣及花心托外沿一圈均为扭丝绳辫纹，使花朵更加形象立体。两花瓣之间各有一个圆形穿孔，以备与帽体连接缝合。

足赤是指为无杂质的、纯净的金。代表黄金成色十足。类似于今天黄金首饰上镶刻的"足金""千足金""999"等印记。金簪的款识"济南惠宝",即旧时济南芙蓉街上的惠宝金店。这也是济南市考古研究院目前唯一一件刻有"济南"字样银号的首饰,反映了当时济南民间金银首饰的制作工艺和审美风格特色。

91. 清刻花金簪

编号:00673
尺寸:通长 6.70、通宽 0.51 ~ 0.83、厚 0.15 厘米
重量:9.01 克
2002 年 4 月济南舜耕山庄清代墓出土

女性发饰,金质。金簪两头宽,中腰细窄,表面光亮,两端各以粗、细线条刻划出对称梅花纹饰一组,线条轮廓圆润流畅,两组四朵盛开的梅花花型饱满、花瓣舒展,圆形的花心外饰长短交错的阴刻细线,形象地刻划出花瓣的脉络走向;枝干遒劲有力,叶片稀疏,待放的花骨朵挺拔向上,饰菱格纹,简洁形象。金簪背面光素,无纹饰,錾刻"济南惠宝辛""足赤辛"款识。

（局部）

92. 清银锭

编号：00675

尺寸：通长 3.25、通宽 1.80、高 1.65 厘米

重量：74.38 克

2002 年 4 月济南舜耕山庄清代墓出土

货币，银质，1 对。大小相等，重量相仿。通体氧化变黑，上镌刻"掖"字。银锭上有明显的同心丝纹，这种丝纹是古代银锭常见的形态特征，是银在由液态向固态转变即铸造成型时留下的痕迹。底部还有蜂窝孔洞。

济南魏家庄墓地

2009～2010年，济南市考古研究院对魏家庄墓地进行了考古发掘（图7-1），发现战国至明清时期墓葬168座，其中明清墓19座。明清墓分布比较零散，主要分布在D区北部和西南部、大商业区东区南部，C区亦有少量分布。其中部分墓葬相对集中，可能为家族墓。形制主要有土坑竖穴墓和土坑洞室墓两种类型。前者多为单人葬，后者多为双人合葬。共发现随葬器物52件（组），其中瓷器15件，镇墓瓦7件，镇墓砖4件，银簪、耳环、戒指、扣等饰件12件（组），铜钱13件（组），铁环1件。

M116位于D区中北部，上部被破坏，开口距地表1.2米（图7-2）。形制为土坑洞室墓，整体平面呈刀形，由墓道、墓门和墓室组成。墓主一人，随葬品共4件（套），包括银耳挖簪和镇墓瓦各1件；康熙通宝铜钱1枚，乾隆通宝铜钱5枚。

M23位于C区西部，被破坏至墓底，开口距地表0.8米（图7-3）。墓圹平面呈梯形。墓主一人，随葬品有4件，包括瓷灯、刻花银扁方和铜耳环各1件；乾隆通宝铜钱3枚。

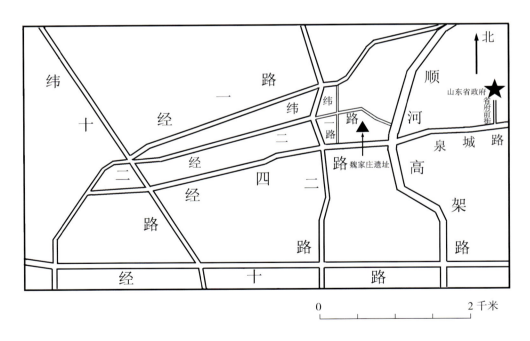

图7-1 魏家庄墓地位置示意图

图 7-2　魏家庄墓地 M116

图 7-3　魏家庄墓地 M23

扁方是由古代男子束发时用的长簪演变而来，后逐渐成为女性饰品。这种发饰质地多样，既有白玉、青玉等玉石材质，也有金、银、白铜等金属材质，还有珊瑚、翡翠、金镶玉和玉嵌宝石类等丰富多彩的品种，完美地点缀着女子的青丝云鬓。

93. 清刻花银扁方

编号：03430（M116:1）
尺寸：通长 13.6、宽 1.5～1.7、厚 0.05 厘米
重量：21.86 克
2009～2010 年济南魏家庄墓地清代墓出土

女性发饰，银质。簪体表面氧化成黑色。未见款识印记。银簪由近长方形银片制成，像一支变体的横簪，呈扁平一字形。簪首由外向内卷起似卷轴，錾刻立体动物纹饰，尾部圆钝。正面簪首圆圈内饰线刻福寿纹，簪体饰花朵草叶纹，花朵似牡丹。有富贵吉祥，福寿绵长之意。整件器物造型流畅，刻线圆润精美，刻花简洁大方，清新淡雅。

（局部）

　　耳挖簪是一种小型发簪，簪首是圆形的挖耳勺，与今天人们日常生活中使用的挖耳勺形制无二，梃是尖的。这件小小的耳挖簪不仅可以绾发，还有诸多用处，如簪首可以用来掏耳朵或挖烟袋锅中的烟油；尖尖的尾部可以用来剔牙、分发，兼具实用性和装饰性，可谓"一簪在手，一举数得"。

94. 清耳挖银簪

编号：M23：2
尺寸：通长 10.49、宽 0.41、厚 0.26 厘米
重量：4.09 克
2009 ～ 2010 年济南魏家庄墓地清代墓出土

发饰，银质，由细长银条制成。簪体表面氧化成黑色，单梃，呈锥形，实心。簪首为挖耳勺形，颈部饰有数条弦纹，中部弯曲变形。末端尖锐，便于簪插发髻。

（局部）

金 95. 清仙女挑宫灯银簪

编号：T1719 : 1
尺寸：通长 10.9、宽 3.8、厚 0.26 厘米
重量：3.33 克
2009 年济南章丘女郎山古墓群清代墓出土

女性发饰，银质。通体氧化变黑。锥形簪脚。簪首装饰部分打造为立体仙女形象。仙女脸庞圆润饱满，由于锈蚀严重，五官已模糊不清。经过仔细分辨，可以看出，她头戴花冠，服饰华美，周身饰有掐丝丝带，灵动飘逸。仙女身姿挺拔，立于盛开的莲花座上，莲花瓣饱满舒展，边沿皆以掐丝装饰。仙女双手平举于胸前，手中握一盏四角形宫灯，玲珑剔透。灯杆呈细圆柱形，近前端挽成一个圆环，下坠一小活环，活环中挂一镂空宫灯，宫灯由两片变形长方形银圈拼插而成，活动自如。莲座底部与锥形簪体焊接在一起。

济南和平路 47 号建设工地墓葬

2008 年 3 ～ 5 月济南市考古研究院对和平路 47 号建设工地（原山东建筑大学院内）古代墓葬进行了抢救性考古发掘，共清理出宋元明清时期墓葬 30 余座，出土了大量陶瓷器标本。也有少量银耳环、戒指等女性配饰。

和平路 47 号建设工地清理出的这些古墓葬形制包括长方形砖室墓、圆形砖室墓和土圹墓三种类型。虽时间跨度自两宋一直延续至清代，但全部为中小型平民墓葬，这些墓葬的发掘，对研究济南地区这一时期平民阶层的社会环境、生活水平、葬俗特点和陪葬品的发展变化提供了实物资料，丰富了这一时期的考古文献资料，具有重要的历史价值和文化价值。

96. 清刻花银耳环

编号：M18:1

尺寸：通长 2.10、宽 0.90、厚 0.1 ～ 0.3 厘米

重量：4.0 克

2008 年 3 ～ 5 月济南和平路 47 号建设工地清代墓出土

女性耳饰，银质。表面氧化成黑色。无款识。耳环整体由薄银片锤揲而成。正面上下边沿处起一宽线条，线条中间刻有一条凹槽，形成 2 组凸起的双直线纹饰。双直线以内区域施鱼子纹地。主体纹饰为浮雕牡丹花卉一组。盛开的牡丹花瓣线条流畅，姿态饱满舒展，茂盛挺拔的花叶点缀在盘绕的花枝上，与花瓣远近交错、虚实辉映，其上錾刻长短相间、粗细交错的直线纹，表现了花瓣和叶片上深浅不一的脉络，将牡丹的盛放之态刻划得细致入微。耳环一头平齐，另一头打制成如意云纹，以阴线进行细致勾勒刻划，线条如行云流水般舒展，空白处以鱼子纹填补，虽空间有限，但主次分明、疏密有致，在如意纹最尖处收紧成实心锥形针脚，过渡十分自然。

济南华阳宫古建筑群的维修

位于济南东北华山之阳的华阳宫创建于金代兴定四年（1220年），由全真教宗师丘处机的弟子陈志渊创立。济南华阳宫古建筑群是济南地区保存古建筑数量最多的古建筑群，是山东省重点文物保护单位。整个古建筑群由华阳宫、泰山行宫、净土庵、三元宫、关帝庙、三皇宫、三教堂、龙王庙、棉花殿等9处独立院落组成，建筑面积2500平方米，是济南现存规模最大的古建筑群。鉴于华阳宫古建筑群的破败状况，2000年年初，济南市考古研究院对其进行了全面的维修，经过一年半的努力，荒废了50年的古建筑群重新焕发了生机。

维修后的华阳宫古建筑群现存单体建筑34处，保存壁画的建筑有12处，即四季殿、十王殿东殿、十王殿西殿、泰山行宫山门、元君殿、观音殿、三教堂、关帝庙前殿、关帝庙后殿、三宫殿、棉花殿和三皇殿，面积达300多平方米。

此次维修在四季殿的屋顶瓦面下发现了一罐银圆，经清点共有298枚。银圆俗称"洋钱""花边钱"或"大洋"，起源于15世纪的欧洲。明万历年间（1573～1620年）开始流入中国。清乾隆五十八年（1793年）首先在西藏铸造"乾隆宝藏"银币并流通使用。道光年间（1821～1850年），台湾、福建等地曾仿制。光绪十六年（1890年）正式铸造"光绪元宝"银圆，即龙洋。此后一直到民国时期，银圆一直是主要流通货币。

华阳宫四季殿出土的这批银圆窖藏，时间跨度自清代光绪年间一直到民国二十三年（1934年），其中还包括8枚英国贸易银币。虽铸造时间和产地各不相同，但银圆大小、厚度，重量大同小异，直径大致在3.9、厚度在0.25厘米，每枚重量在26克左右。

97. 清光绪元宝库平七钱二分银币

编号：00586
尺寸：直径 3.90、厚 0.25 厘米
重量：26.64 克
2000 年济南华阳宫四季殿窖藏出土

1 枚。该银币俗称"龙洋"，图案凹凸有致，图形、文字立体，盘龙刻划栩栩如生。正面中央珠圈内镌刻满汉文"光绪元宝"四字，珠圈外上镌汉文"造币总厂"四字，内缘刻有小字满文；下镌汉文币值"库平七钱二分"。银币背面中央珠圈内为浮雕蟠龙图，蟠龙为长尾龙，龙角粗壮挺拔，眼睛圆睁，炯炯有神，胡须飘逸潇洒，大嘴张开，下齿露出。嘴巴正下方有火球一枚。龙鳞雕刻细密有致，身姿遒劲有力，龙爪张扬有力，龙身盘踞，龙尾舒展，神武有力，祥云在其周围时隐时现，尽展皇家威严大气。珠圈外上端镌汉文"光绪年造"，左右和下端环镌英文"TAI-CHING-TI-KUO SILVER COIN."（大清帝国银币）。

🐉 98. 清光绪元宝库平七钱二分银币

编号：00587
尺寸：直径 3.90、厚 0.25 厘米
重量：0.217 千克
2000 年济南华阳宫四季殿窖藏出土

8 枚。该银币俗称"龙洋"，图案凹凸有致，图形、文字立体，盘龙刻划栩栩如生。正面中央珠圈内镌刻满汉文"光绪元宝"四字，珠圈外上镌刻"北洋造"三个汉字，下镌汉文币值"库平七钱二分"。银币背面中央珠圈内镌浮雕蟠龙图，左右两边各有一圆点心，上下环英文。蟠龙为长尾龙，龙头稍小，眼睛正视前方，炯炯有神。龙鳞雕刻细密有致，身姿遒劲有力，龙尾舒展飘逸，周围祥云环绕，龙爪骨节分明，张扬有力，龙身盘踞，尽展皇家威严大气。济南市考古研究院藏北洋造"清光绪元宝库平七钱二分银币"共有两个年号。银币珠圈外上端分别镌刻英文"29th YEAR OF KUANG HSU""34th YEAR OF KUANG HSU"，下端环镌英文"PEI YANG"，中文译为"光绪二十九年""光绪三十四年""北洋"。

99. 清英国贸易壹圆银币

编号：00588
尺寸：直径 3.90、厚 0.25 厘米
重量：0.217 千克
2000 年济南华阳官四季殿窖藏出土

8 枚。银币正面中央是一持戟、盾的不列颠女神（俗称"站洋"或"站人"），身后有一艘帆船在海上航行。女神左右用英文镌刻币值"ONE DOLLAR"（壹圆），下有公元纪年，分别是 1909、1911、1912 年三种。背面中央为寿字纹，上下为中文"壹圆"，左右为马来文"壹圆"。银币两面内外两珠圈之间刻有"回"形纹。

100. 民国开国纪念壹圆银币

编号：00589
尺寸：直径 3.90、厚 0.25 厘米
重量：1.157 千克
2000 年济南华阳宫四季殿窖藏出土

43 枚。银币正面中央珠圈内镌孙中山便装五分脸侧面肖像，图像凹凸有致，形象立体。珠圈外上端从右至左镌刻隶书"中华民国"四个字，下端从右至左镌刻隶书"开国纪念币"五个字，珠圈外左右两端各镌 1 对称的五瓣梅花枝。银币背面珠圈内中央镌竖写隶书"壹圆"二字，币值下方为嘉禾图，左右各一枝，每枝一穗三叶。珠圈外上环镌英文 MEMENTO（纪念），两侧偏上各镌一个六角星花，下环镌英文"BIRTH OF REPUBLIC OF CHINA"（中华民国成立）。

101. 民国三年壹圆银币

编号：00591

尺寸：直径 3.90、厚 0.25 厘米

重量：3.962 千克

2000 年济南华阳宫四季殿窖藏出土

148 枚。银币正面珠圈内为袁世凯戎装侧面肖像，图像立体。上缘镌刻"中华民国三年"六个字。背面珠圈内有两条对称的稻穗，颗粒饱满，左右交错，下系结带，中间铸竖写币值"壹圆"二字，用手触之可感受到纹饰凹凸有致。

102. 民国八年壹圆银币

编号：00590
尺寸：直径 3.90、厚 0.25 厘米
重量：53.52 克
2000 年济南华阳宫四季殿窖藏出土

2 枚。银币正面珠圈内为袁世凯戎装侧面肖像，图像立体形象。上缘镌刻"中华民国八年造"七个字；背面珠圈内有两条对称的稻穗，颗粒饱满，左右交错，下系结带，中铸竖写币值"壹圆"二字，用手触之可感受到纹饰凹凸有致。

103. 民国九年壹圆银币

编号：00592
尺寸：直径 3.90、厚 0.25 厘米
重量：0.831 千克
2000 年济南华阳宫四季殿窖藏出土

31 枚。银币正面珠圈内中央为袁世凯侧面戎装肖像，图像立体形象。上缘珠圈内镌刻"中华民国九年造"七个字。背面珠圈内是两株交叉的稻穗，颗粒饱满，左右对称，下有结带，中央上下镌刻竖写币值"壹圆"，用手触之可感受到纹饰凹凸有致。民国九年圆银币俗称"九年精发版"，袁世凯的发丝根根分明，纤毫毕现。

104. 民国十年壹圆银币

编号：00593
尺寸：直径 3.90、厚 0.25 厘米
重量：1.447 千克
2000 年济南华阳宫四季殿窖藏出土

54 枚。正面珠圈内中央为袁世凯侧面戎装肖像，图像立体生
动。上缘镌刻"中华民国十年造"七个字；背面珠圈内两条
稻穗分列两侧，颗粒饱满，左右交互，下系结带，中铸竖写
币值"壹圆"二字，用手触之可感受到纹饰凹凸有致。

105. 民国二十二年壹圆银币

编号：00584
尺寸：直径 3.90、厚 0.25 厘米
重量：26.81 克
2000 年济南华阳宫四季殿窖藏出土

1 枚。此银圆为民国时期南京政府发行的银本位币，名为"中华民国二十二年孙中山帆船币"，俗称"船洋"。正面中间镌刻孙中山侧面头像，凹凸有致，立体感较强。上缘刊写："中华民国二十二年"字样，背面中间为双桅帆船在惊涛骇浪的大海中乘风破浪，勇往直前。帆船两侧从左至右镌刻币值"壹圆"二字。

106. 民国二十三年壹圆银币

编号：00585
尺寸：直径 3.90、厚 0.25 厘米
重量：56.16 克
2000 年济南华阳宫四季殿窖藏出土

2 枚。此银圆为民国时期南京政府发行的银本位币，名为"中华民国二十三年孙中山帆船币"，俗称"船洋"。正面中央镌刻孙中山侧面头像，凹凸有致，立体生动。上缘刊写："中华民国二十三年"字样，背面中间为双桅帆船在一望无垠的大海中乘风破浪，满帆前行。帆船两侧从左至右镌刻币值"壹圆"二字。这种壹元银币图案设计精美，雕版精良。此币种铸造量、流通量和存世量均比较稀少，具有重要的历史价值和文物价值。

附录

附录一　济南市考古研究院藏金银器一览表

编号	藏品名称	藏品号	时代	号	数量
01	商金箔	暂无	商	M276：23-1、2	2
02	战国金环	暂无	战国	M1：采集	2
03	西汉金带扣	00042	西汉	P9：9	1
04	西汉金带扣	00047	西汉	P9：125	1
05	西汉金环	00043	西汉	P9：190	1
06	西汉金环	00046	西汉	P9：191	1
07	西汉金节约	00069	西汉	P9：102	1
08	西汉金节约	00070	西汉	P9：101	1
09	西汉金节约	00071	西汉	P9：193	1
10	西汉金节约	00074	西汉	P9：195	1
11	西汉金节约	00076	西汉	P9：194	1
12	西汉金泡	00044	西汉	P9：104	1
13	西汉金泡	00049	西汉	P9	1
14	西汉金泡	00050	西汉	P9：118	1
15	西汉金泡	00054	西汉	P9：116	1
16	西汉金泡	00055	西汉	P9：123	1
17	西汉金泡	00056	西汉	P9：119	1
18	西汉金泡	00057	西汉	P9：117	1
19	西汉金泡	00058	西汉	P9：130	1

尺寸（厘米）	重量（克）	保存状况	出土时间与地点
M276：23-1：残长4.5、残宽4.4 M276：23-2：残长5.4、残宽3.9	未称	残缺	2010～2011年济南大辛庄遗址商代墓
外径1.8、内径1.6、厚0.11	4.25	完整	2016年济南市历城区梁二村战国墓
长3.7、宽2.0、厚0.6	49.0	完整	1999～2001年章丘洛庄汉墓陪葬坑和祭祀坑遗址
长2.3、宽1.7、高0.7	10.70	完整	1999～2001年章丘洛庄汉墓陪葬坑和祭祀坑遗址
外径2.3、内径1.4、厚0.4	14.70	完整	1999～2001年章丘洛庄汉墓陪葬坑和祭祀坑遗址
外径2.1、内径1.2、厚0.4	14.80	完整	1999～2001年章丘洛庄汉墓陪葬坑和祭祀坑遗址
长4.1、宽3.4、高1.9	61.60	完整	1999～2001年章丘洛庄汉墓陪葬坑和祭祀坑遗址
长4.5、宽3.5、高1.9	70.40	完整	1999～2001年章丘洛庄汉墓陪葬坑和祭祀坑遗址
长3.1、宽2.0、高1.9	25.70	完整	1999～2001年章丘洛庄汉墓陪葬坑和祭祀坑遗址
长3.1、宽2.0、高1.9	23.60	完整	1999～2001年章丘洛庄汉墓陪葬坑和祭祀坑遗址
长3.1、宽1.9、高1.9	20.90	完整	1999～2001年章丘洛庄汉墓陪葬坑和祭祀坑遗址
直径1.5、厚0.7	6.70	完整	1999～2001年章丘洛庄汉墓陪葬坑和祭祀坑遗址
长1.6、宽1.7、高1.3	13.70	完整	1999～2001年章丘洛庄汉墓陪葬坑和祭祀坑遗址
直径1.6、厚0.7	1.90	完整	1999～2001年章丘洛庄汉墓陪葬坑和祭祀坑遗址
直径1.6、厚0.7	2.20	完整	1999～2001年章丘洛庄汉墓陪葬坑和祭祀坑遗址
直径1.6、厚0.8	2.20	完整	1999～2001年章丘洛庄汉墓陪葬坑和祭祀坑遗址
直径1.6、厚0.8	2.20	完整	1999～2001年章丘洛庄汉墓陪葬坑和祭祀坑遗址
直径1.6、厚0.7	2.20	完整	1999～2001年章丘洛庄汉墓陪葬坑和祭祀坑遗址
直径1.6、厚0.7	1.80	完整	1999～2001年章丘洛庄汉墓陪葬坑和祭祀坑遗址

编号	藏品名称	藏品号	时代	号	数量
20	西汉金泡	00059	西汉	P9：114	1
21	西汉金泡	00060	西汉	P9：121	1
22	西汉金泡	00061	西汉	P9：115	1
23	西汉金泡	00062	西汉	P9：124	1
24	西汉金泡	00063	西汉	P9：120	1
25	西汉金泡	00053	西汉	P9：122	1
26	西汉金泡	00064	西汉	P9：129	1
27	西汉金泡	00065	西汉	P9：127	1
28	西汉金泡	00066	西汉	P9：126	1
29	西汉金泡	00067	西汉	P9：128	1
30	西汉金泡	00068	西汉	P9	1
31	西汉金栓	00045	西汉	P9：113	1
32	西汉金栓	00048	西汉	P9：111	1
33	西汉金栓	00051	西汉	P9：100	1
34	西汉金栓	00081	西汉	P9	1
35	西汉金栓	00082	西汉	P9：103	1
36	西汉银泡	00052	西汉	P9：131	1
37	宋银耳环	00889	宋	无	2
38	西汉错金银铁马镳	00259	西汉	P9：207	1
39	西汉错金银铁马镳	00221	西汉	P9：69	1

尺寸（厘米）	重量（克）	保存状况	出土时间与地点
直径 1.6、厚 0.8	2.00	完整	1999～2001 年章丘洛庄汉墓陪葬坑和祭祀坑遗址
直径 1.6、厚 0.7	2.00	完整	1999～2001 年章丘洛庄汉墓陪葬坑和祭祀坑遗址
直径 1.6、厚 0.8	1.75	完整	1999～2001 年章丘洛庄汉墓陪葬坑和祭祀坑遗址
直径 1.6、厚 0.7	2.30	完整	1999～2001 年章丘洛庄汉墓陪葬坑和祭祀坑遗址
直径 1.6、厚 0.7	2.20	完整	1999～2001 年章丘洛庄汉墓陪葬坑和祭祀坑遗址
直径 1.0、厚 0.5	0.85	完整	1999～2001 年章丘洛庄汉墓陪葬坑和祭祀坑遗址
直径 1.0、厚 0.4	0.70	完整	1999～2001 年章丘洛庄汉墓陪葬坑和祭祀坑遗址
直径 1.0、厚 0.4	1.00	完整	1999～2001 年章丘洛庄汉墓陪葬坑和祭祀坑遗址
直径 1.0、厚 0.4	0.70	完整	1999～2001 年章丘洛庄汉墓陪葬坑和祭祀坑遗址
直径 0.9、厚 0.4	0.70	完整	1999～2001 年章丘洛庄汉墓陪葬坑和祭祀坑遗址
直径 1.0、厚 0.5	0.90	完整	1999～2001 年章丘洛庄汉墓陪葬坑和祭祀坑遗址
长 1.6、宽 0.9、高 0.9	2.00	完整	1999～2001 年章丘洛庄汉墓陪葬坑和祭祀坑遗址
长 1.6、宽 1.3、高 1.0	2.70	完整	1999～2001 年章丘洛庄汉墓陪葬坑和祭祀坑遗址
长 1.6、宽 1.4、高 1.0	1.80	完整	1999～2001 年章丘洛庄汉墓陪葬坑和祭祀坑遗址
长 2.7、宽 2.6、高 2.4	25.00	完整	1999～2001 年章丘洛庄汉墓陪葬坑和祭祀坑遗址
长 2.9、宽 2.3、高 2.7	36.00	完整	1999～2001 年章丘洛庄汉墓陪葬坑和祭祀坑遗址
直径 1.3、厚 0.6	2.70	完整	1999～2001 年章丘洛庄汉墓陪葬坑和祭祀坑遗址
长 1.2、宽 1.5、高 0.25、厚 0.2	5.00	残缺	1999～2001 年章丘洛庄汉墓封土墓
直径 10.8、厚 0.6	124.20	修复	1999～2001 年章丘洛庄汉墓陪葬坑和祭祀坑遗址
长 13、宽 9.3、厚 0.6	97.80	修复	1999～2001 年章丘洛庄汉墓陪葬坑和祭祀坑遗址

编号	藏品名称	藏品号	时代	号	数量
40	西汉错金铁马衔	00176	西汉	P9	1
41	西汉鎏金铜当卢	00239	西汉	M9：81	1
42	西汉银胁驱	00394	西汉	P11：3：12 P11：3：13	4
43	宋金耳环	03272	宋	M1：1 M1：3	2
44	宋折股金钗	03280	宋	M2：15	1
45	宋银带扣	03276	宋	M2：9	1
46	宋银盒		宋	M2：3-3	1
47	宋凤头金钗	01552	宋	H104：1	1
48	宋化生童子金耳环	01560	宋	H104：5	1
49	宋化生童子金耳环	01561	宋	H104：6	1
50	宋金环	01558	宋	H104：9	1
51	宋金环	01559	宋	H104：10	1
52	宋牡丹纹金耳环	01556	宋	H104：7	1
53	宋牡丹纹金耳环	01557	宋	H104：8	1
54	宋折股金钗	01555	宋	H104：2	1
55	宋折股金钗	01554	宋	H104：4	1
56	宋折股金钗	01553	宋	H104：3	1
57	宋银盒	01584	宋	H104：33	1
58	宋刻花银钳镯	01575	宋	H104：24	1

尺寸（厘米）	重量（克）	保存状况	出土时间与地点
长 23.5、宽 20、中间环直径 4	143.60	修复	1999～2001 年章丘洛庄汉墓陪葬坑和祭祀坑遗址
高 16.5、宽 7.8、厚 1.4	49.0	完整	1999～2001 年章丘洛庄汉墓陪葬坑和祭祀坑遗址
①长 5.6、宽 2.1、高 2.4 ②长 7.3、宽 1.8、高 2.2 ③长 3.8、宽 3.7、高 1.3 ④长 3.8、宽 3.7、高 1.2	141	完整	1999～2001 年章丘洛庄汉墓陪葬坑和祭祀坑遗址
M1：1 长 2.4、宽 0.84 M1：3 长 2.3、宽 0.77	2.06	完整	2012 年 12 月济南长清崮云湖宋墓
通长 19.00	23.74	完整	2012 年 12 月济南长清崮云湖宋墓
长 12.8、宽 6.0、厚 1.85	119.00	完整	2012 年 12 月济南长清崮云湖宋墓
直径 4.57	52.00	残缺	2012 年 12 月济南长清崮云湖宋墓
通长 22.30	54.00	完整	2008 年济南卫巷遗址宋代窖藏
装饰部分高 2.90、耳环脚高 2.70	3.91	完整	2008 年济南卫巷遗址宋代窖藏
装饰部分高 3.20、耳环脚高 2.80	3.80	完整	2008 年济南卫巷遗址宋代窖藏
外径 2.60、内径 1.40	7.83	完整	2008 年济南卫巷遗址宋代窖藏
外径 2.70、内径 1.40	7.64	完整	2008 年济南卫巷遗址宋代窖藏
装饰部分高 3.20、耳环脚高 3.30	5.48	完整	2008 年济南卫巷遗址宋代窖藏
装饰部分高 3.0、耳环脚高 3.3	5.46	完整	2008 年济南卫巷遗址宋代窖藏
通长 20.2、钗梁直径 2.5	38.12	完整	2008 年济南卫巷遗址宋代窖藏
通长 21.2、钗梁直径 2.5	29.05	完整	2008 年济南卫巷遗址宋代窖藏
通长 14.5、钗梁直径 2.2	29.96	完整	2008 年济南卫巷遗址宋代窖藏
口径 3.0、底径 2.0、高 4.5	7.24	残缺	2008 年济南卫巷遗址宋代窖藏
镯面宽 1.0、长径约 6.3、短径约 4.5	35.65	完整	2008 年济南卫巷遗址宋代窖藏

编号	藏品名称	藏品号	时代	号	数量
59	宋刻花银钳镯	01579	宋	H104：28	1
60	宋刻花银钳镯	01576	宋	H104：25	1
61	宋刻花银钳镯	01577	宋	H104：26	1
62	宋竹节纹折股银钗	01564	宋	H104：13	1
63	宋竹节纹折股银钗	01565	宋	H104：14	1
64	宋银缠钏	01573	宋	H104：22	1
65	宋银缠钏	01578	宋	H104：27	1
66	宋银缠钏	01583	宋	H104：32	1
67	宋银缠钏	01585	宋	H104：34	1
68	宋折股银钗	01571	宋	H104：15	1
69	宋银镊子	01570	宋	H104：19	1
70	宋折股银钗	01572	宋	H104：16	1
71	宋银镊子	01581	宋	H104：30	1
72	宋银锭	01586	宋	H104：35	1
73	宋卧狮银配	01566	宋	H104：11	1
74	宋卧狮银配	01567	宋	H104：12	1
75	宋银缠钏	01568	宋	H104：21	1
76	宋银缠钏	01574	宋	H104：23	1
77	宋折股银钗	01562	宋	H104：17	1
78	宋银镊子	01587	宋	H104：36	1

尺寸（厘米）	重量（克）	保存状况	出土时间与地点
镯面宽 1.1、长径约 6.3、短径约 4.2	35.31	完整	2008 年济南卫巷遗址宋代窖藏
镯面宽 1.0、长径约 7.2、短径约 4.5	29.30	完整	2008 年济南卫巷遗址宋代窖藏
镯面宽 1.1、长径约 7、短径约 4.6	29.90	完整	2008 年济南卫巷遗址宋代窖藏
通长 18.0	26.79	残缺	2008 年济南卫巷遗址宋代窖藏
通长 19.0	39.96	基本完整	2008 年济南卫巷遗址宋代窖藏
残高 3.6、环径约 5.5	16.14	残缺	2008 年济南卫巷遗址宋代窖藏
镯面宽 0.25、残径约 4.5	3.34	残碎	2008 年济南卫巷遗址宋代窖藏
残高 3.7、环径约 4.5	17.18	残碎成 11 段	2008 年济南卫巷遗址宋代窖藏
残高 1.3、环径约 5.4	10.0	残缺	2008 年济南卫巷遗址宋代窖藏
通长 14.5	24.93	基本完整	2008 年济南卫巷遗址宋代窖藏
通长 7.6	11.47	基本完整	2008 年济南卫巷遗址宋代窖藏
通长 14.6	23.77	基本完整	2008 年济南卫巷遗址宋代窖藏
残长 13.6	20.87	断成 4 段	2008 年济南卫巷遗址宋代窖藏
长 1.8、宽 1.0	38.90	基本完整	2008 年济南卫巷遗址宋代窖藏
长 7.0、高 3.0	25.22	基本完整	2008 年济南卫巷遗址宋代窖藏
长 8.6、高 2.8	29.59	基本完整	2008 年济南卫巷遗址宋代窖藏
残高 3.1、环径约 5.5	25.30	锈蚀严重	2008 年济南卫巷遗址宋代窖藏
残高 3.8、环径约 5.3	40.45	锈蚀严重	2008 年济南卫巷遗址宋代窖藏
通长 14.7	25.05	锈蚀	2008 年济南卫巷遗址宋代窖藏
通长 7.8	10.32	锈蚀	2008 年济南卫巷遗址宋代窖藏

编号	藏品名称	藏品号	时代	号	数量
79	宋银缠钏	01569	宋	H104：20	1
80	宋银壶	01580	宋	H104：29	1
81	宋银镊子	01563	宋	H104：18	1
82	宋刻花银盒盖	01582	宋	H104：31	1
83	元金耳饰	01315	元	M2：5	1
84	元金耳环	01316	元	M2：6	1
85	宋金耳环	00594	宋		2
86	中华民国二十二年壹圆银币	00584	民国	无	1
87	中华民国二十三年壹圆银币	00585	民国	无	2
88	清光绪元宝库平七钱二分银币	00586	清	无	1
89	清光绪元宝库平七钱二分银币	00587	清	无	8
90	清英国贸易壹圆银币	00588	清	无	8
91	中华民国开国纪念壹圆银币	00589	民国	无	43
92	中华民国八年壹圆银币	00590	民国	无	2
93	中华民国三年壹圆银币	00591	民国	无	148
94	中华民国九年壹圆银币	00592	民国	无	31
95	中华民国十年壹圆银币	00593	民国	无	54
96	清龙形金耳坠	00660	清	无	2
97	清蝙蝠寿纹金簪	00661	清	无	1

尺寸（厘米）	重量（克）	保存状况	出土时间与地点
残高 4.5、环径约 5.5	77.15	锈蚀严重	2008 年济南卫巷遗址宋代窖藏
残高 4.3、腹径 4.0、底径 1.2	14.66	锈蚀严重	2008 年济南卫巷遗址宋代窖藏
残长 6.7	10.32	锈蚀严重	2008 年济南卫巷遗址宋代窖藏
盖残径 3.9	11.7	锈蚀，残缺	2008 年济南卫巷遗址宋代窖藏
环径 1.7、内径 1.49、厚 0.13 ～ 0.19	1.19	完整	2005 年济南郎茂山元代墓
长 3.64、宽 2.63、厚 1.15	5.91	基本完整	2005 年济南郎茂山元代墓
直径 2.42	5.45	完整	1998 年济南历下区十亩园七家村宋墓
直径 3.90、厚 0.25	26.81	完整	2000 年济南华阳宫四季殿窖藏
直径 3.90、厚 0.25	56.16	完整	2000 年济南华阳宫四季殿窖藏
直径 3.90、厚 0.25	26.64	完整	2000 年济南华阳宫四季殿窖藏
直径 3.90、厚 0.25	217	完整	2000 年济南华阳宫四季殿窖藏
直径 3.90、厚 0.25	217	完整	2000 年济南华阳宫四季殿窖藏
直径 3.90、厚 0.25	1157	完整	2000 年济南华阳宫四季殿窖藏
直径 3.90、厚 0.25	53.52	完整	2000 年济南华阳宫四季殿窖藏
直径 3.90、厚 0.25	3962	完整	2000 年济南华阳宫四季殿窖藏
直径 3.90、厚 0.25	831	完整	2000 年济南华阳宫四季殿窖藏
直径 3.90、厚 0.25	1447	完整	2000 年济南华阳宫四季殿窖藏
通长 2.48、通宽 2.6、厚 0.13	8.1	完整	2001 年 3 月济南历下区法院清代墓
通长 8.8、通宽 1.8、厚 0.31	24.32	完整	2001 年 3 月济南历下区法院清代墓

编号	藏品名称	藏品号	时代	号	数量
98	清雕花金簪	00662	清	无	1
99	清雕花银簪	00663	清	无	1
100	清梅花形金帽花	00667	清	无	1
101	清菩萨银簪	00664	清	无	1
102	清刻花金簪	00673	清	无	1
103	清银锭	00675	清	无	2
104	明银簪	01723	汉	M227：4	1
105	清银耳环	01943	清	M18：1	1
106	清银簪	03429	清	M23：2	1
107	清银扁方	03430	清	M116：1	1
108	清仙女挑宫灯银簪	01716	清	T1719：1	1

尺寸（厘米）	重量（克）	保存状况	出土时间与地点
通长 6.8、通宽 1.3	7.86	完整	2001 年 3 月济南历下区法院清代墓
通长 10.9、宽 1.8、厚 0.7	7.1	完整	2001 年 3 月济南历下区法院清代墓
长 2.0、厚 1.0	2.8	完整	2001 年 3 月济南历下区法院清代墓
通长 12.5、宽 1.8、厚 0.1	3.24	基本完整，变形	2001 年 3 月济南历下区法院清代墓
通长 6.70、通宽 0.51 ～ 0.83、厚 0.15	9.01	完整	2002 年 4 月济南舜耕山庄清代墓
通长 3.25、通宽 1.80、高 1.65	74.38	基本完整	2002 年 4 月济南舜耕山庄清代墓
通长 8.9	8.41	基本完整	2009 年章丘女郎山古墓群明代墓
通长 2.10、宽 0.90、厚 0.1 ～ 0.3	4	完整	2008 年 3 ～ 5 月济南和平路 47 号建设工地清代墓
通长 10.49、宽 0.41、厚 0.26	4.09	完整，变形	2009 ～ 2010 年济南魏家庄墓地清代墓
通长 13.6、宽 1.5 ～ 1.7、厚 0.05	21.86	完整	2009 ～ 2010 年济南魏家庄墓地清代墓
通长 10.9	3.33	基本完整	2009 年章丘女郎山古墓群清代墓出土

附录二　历代金银器的特点及传统工艺

金、银是优质贵金属。自从人类发现并认识了金、银之后，就将其加工成为各种金银制品。由于它产量稀少，性能优良，尤其是黄金，历来是财富和地位的象征。同时，金银的稳定性强，不易氧化变色，具有良好的柔韧性和延展性，软硬适中，易于造型，是古代制作实用器、观赏器和配饰的珍稀材料。金银器不仅是一类重要的金属文物，也是我国传统文化艺术的重要符号载体。它不仅在文明的发展进步过程中发挥着举足轻重的作用，更是中国数千年的漫长历史长河中一颗璀璨绚丽的明珠。

金银器，以其炫彩夺目的光泽，千锤百炼、纯熟精湛的制作工艺，文化性与艺术性相结合的巧妙构思，将中华民族几千年来各个时代独具特色的文化内涵和审美标准通过一件件大小不同、繁简有别、造型各异的金银器具象地展示出来，在诠释我国传统文化中发挥着举足轻重的作用。同时，通过赋予金银器美好的内涵，也将中华民族追求富贵、吉祥的愿望阐释得一清二楚。不论文化和审美如何改变，金银器始终以其优良的特性和奢华的品质而成为历朝历代统治阶级的专属用品，深受王公贵族的喜爱，在诸多种类的奢侈品中占有一席之地，将其特殊的文化与经济价值诠释得淋漓尽致。此外，金银作为贵金属，具有稳定的保值和升值空间，也是当今人们投资的优质选择之一。

（一）金银器纹饰题材及含义

中国古代金银器不仅类型多样，范围广泛，而且工艺复杂精细，科技价值含量很高。从其用途划分，不但包括了生活器皿、服饰、宗教用具、殡葬用具、医药保健用具、钱币、工具等大类，另外还有少量祭祀、兵器、模型等类，几乎遍及社会生活的各个方面。

中国古代金银器不仅工艺繁复，制作技巧高超，而且造型精巧，装饰细密，每一件都是科学与艺术完美结合的佳作。无论是以几何形为主的平面造型，还是以写生动物、植物为主的立体造型，无不展示着制作者观察得细腻与比例掌握得准确。不论大小繁简都可圈可点。大体量者往往显得稳固、刚劲，而小体量者则纤巧、灵动，优雅大方。栩栩如生的造型，配以或金黄璀璨，或银白庄重的底质，给人以强烈视觉效果与心理效果的暗示。而花纹图案的装饰，则极为注重整体效果。布局安排则凸显出两大特点。一为讲究对称。以器物中轴线为中心，左右相向地布置同样的纹样，使整个器物显示出均衡、饱满的感觉。二为讲究对比。以大小、高低、动静、颜色的对比，形成各种变化，造成节奏感，从而突出主题，对文化内涵进行清晰、流畅的表达。

而用以装饰的题材内容，则可谓丰富多彩。有以写实或图案化的动植物为内容的；有以反映时代生活的人物故事为内容的；有表现流云、飞瀑、晨曦的自然景象；也有表现菩萨、罗汉、金刚的宗教形象；还有高度抽象化、概括化的几何纹样图案。最能体现人们亘古不变美好希冀的，便是以各种吉祥图案与文字组合的器物。不同的表征，代表着人们多种多样祈福纳祥的心理渴求。如以龙象征神圣，以凤象征高贵，以牡丹象征荣华富贵，以鹊闹枝头象征吉庆，以石榴、鱼子象征多子多孙。此外，还有以谐声寓意纹样，吉祥文字，以及将此二者相结合的主体表达方式。常见的吉祥图案有蝙蝠、如意、牡丹、磬、鱼、松、竹、梅等。而文字则有"福""寿""喜""连年有余""吉庆有余""富贵绵长""富贵如意""富贵吉祥""平安如意"等等。这些具有浓郁中国特色的象征组合方式，与金银器物进行结合，既满足了人们追逐财富，渴望坐拥权势的心理，又满足了对种种美好寓意的寄托，真可谓合璧之作。

（二）历代金银器特点

1. 商代金器——简单质朴，锦上添花

商代是青铜器发展最成熟、工艺最精湛的时期。这一时期的金器以金箔和金片等平面制品为主，工艺上主要表现为锤揲、切割、刻划和镂空，一般不单独使用，常作为大型青铜器的附属饰件，起到画龙点睛、锦上添花的效果。

2. 春秋战国金银器——小巧简约，清新雅致

春秋战国时期，银器开始出现。与商代相比，这一时期的金银工艺水平有了很大提升。能工巧匠们凭借无穷的智慧，开始将镶嵌等复杂工艺应用到金银器的制作当中。从整个金银器的发展历程来看，春秋战国以前的金银器体量较小，功能上也多为小型装饰用品，大型器皿及实用器的出现时代稍晚。与商代相比，这一时期金银器形制种类增多，金银器皿开始出现。从金银器艺术特色和制作工艺看，南北风格迥异。从现有出土金银器来看，北方游牧民族制作的金银器精美细致，工艺比较先进；而南方地区出土的金银器中器皿数量较多，制法大多来自青铜工艺，没有形成金银独立的制作体系。

3. 秦汉金银器——精巧玲珑，富丽多姿

秦朝的工匠们在制作金银器的过程中根据实际需要已经能够综合使用铸造、抛光等工艺技术或组合技术。汉代以前，仅有零星金银器皿出现在大型贵族墓葬中。汉朝金银器以装饰品为主，器形简洁大方，多为素面，体现了简中见繁，小中见大的大国风范。金细工艺与前代相比逐渐发展成熟，金银的造型、纹饰、色彩搭配上更加大胆创新，一派富丽奢华的气象。

4. 魏晋南北朝金银器——中西合璧，异域风情

魏晋南北朝时期的金银器数量较多。除了基本的装饰功能，金银器的社会功能进一步强化，制作技术更加娴熟，器形、图案也不断推陈出新。尤以北方游牧民族使用的富有草原文化气息的金银器精彩炫目，让人眼前一亮。

5. 隋唐金银器——富丽堂皇，炫彩靓丽

中国古代金银器皿自唐代起日渐兴盛。唐代，经济文化高度发达，随着各国之间的贸易往来日益频繁，西方精美的金银器成品和先进的制作工艺随之传入我国，并对我国这一时期的金银器制作和风格产生了重要影响，掀起了一股崇尚金银的张扬奢靡之风。大唐繁荣富庶，国力雄厚，皇家制作的金银器往往不计成本，气派十足，充分体现了唐代开明的社会环境和兼收并蓄的文化氛围。最著名的当属陕西西安何家村唐代窖藏出土的金银器，器形之丰富，工艺之复杂，纹饰之精美，风格之多变，功能之强大，材质之奢华，均令人称奇，堪称"唐代金银器的百科全书"。就目前所出北朝及唐代前期的部分金银器皿的造型、纹饰分析，大部分都表现出浓浓的萨珊朝金银器的特点，说明曾深受波斯金银器制作理念和风格的影响。这一时期金银器制作工艺纯熟精湛，花鸟是当时的主要

题材和主流纹饰。种类有饰品、法器、食器、饮器、容器、杂器等。

6. 宋元金银器——繁简有度，清新淡雅

宋代金银器轻薄精巧、典雅秀美，民族风格完美。造型上极为讲究，花式繁多，以清素典雅为特色。元代金银器与宋代相似，除日用器皿和饰品外，陈设品增多。从造型纹饰看十分讲究，纯粹古朴，素面较多。然而，元代某些金银器亦表现出纹饰华丽繁复的趋向。宋元时期，随着文化氛围和审美风格的转变，我国金银器制作的各项精巧工艺更加复杂细致，并创造性地推出了金银与漆、木器结合的制品，呈现出"低调奢华，富有质感"的整体效果，既延续了前代成熟的制作工艺，同时也为金银器的发展和工艺的提升创新开辟出一条新的思路。

7. 明代金银器——珠宝镶嵌，奢华无限

较之于宋元，明代金银首饰风格有了重大突破，最主要的特点是出现了精巧、细致的花丝工艺。花丝工艺是用细如发丝的金银丝编织造型，其上再镶嵌珍珠宝石。金镶玉、金镶宝石是当时最受欢迎的款式。在金丝的映衬下，宝石显得格外玲珑剔透，璀璨夺目，非常精细华贵。除了精致的花丝镶珠工艺外，金银饰物上还用点翠工艺加以装饰，珠光宝气，异常华贵，表现出精致豪华的皇家气派。直到今天，镶嵌类金饰仍是深受大众喜爱的一类首饰款式。

8. 清代金银器——繁复华丽，极尽精美

清代金银器趋于华丽浓艳，宫廷气息浓厚。器形的雍容华贵，宝石镶嵌和龙凤图案的色彩斑斓，象征着高贵与权势。清代金银器既有传统风格，也有其他艺术的影响。清代金银器复合工艺发达，金银器与珐琅、珠玉宝石等结合，增添了器物的高贵与华美。清代金银器种类最为丰富，涵盖了礼乐器、生活用具、配饰和各种陈设器，也有宗教文物。这些金银器大多造型别致，纹饰精美，极富宫廷特色，具有极高的历史价值和艺术价值。

（三）中国古代金银器的主要制作工艺

1. 鎏金

古代金工传统工艺之一。近代称"火镀金"。系将金熔于水银之中，形成金泥，涂于铜或银器表面，加温，使水银蒸发，金就附着于器表，谓之鎏金。

其工艺流程大体分 5 个步骤：

①做"金棍"，将铜棍前端锤扁，略翘起。打磨光滑，抹上弱酸性水后沾满水银，晾干。

②煞金，将黄金碎片放入水银之中，加热熔解。随之倒入冷水之中，形成浓稠的黄金和水银的混合物——金泥。

③抹金，用"金棍"沾起金泥，再沾 70% 的浓硝酸（古时以盐、矾等量混合液代替），将其涂在铜器上，用细漆刷沾稀硝酸把金泥刷匀。

④开金，将烧红的无烟木炭放在扁形铁丝笼内，用金属棍挑着围着抹金的地方烘烤，让水银蒸发，使黄金紧贴器物表面。

⑤压光，用玛瑙或七八度的玉石作压子，在镀金面上反复磨压，以使镀金光亮耐久。

到战国时期，鎏金工艺比较成熟，以后历朝各代均使用鎏金技术增强器物的美感。

2. 镶嵌

古代金工传统工艺之一。铸造铜器时，在需镶嵌部位表面铸成浅槽，将松石、红铜片，或金银丝、片嵌入凹槽，再打磨平整光滑。镶嵌工艺始于二里头文化时期，春秋时期较盛行。

3. 锤揲

古代金工传统工艺之一。此法乃利用金、银极富延展性的特点，用锤敲打金、银块，使之延伸展开呈片状，再按要求造成各种器形和纹饰。一般来说，凡隐起的器物和纹饰图案，都是经过锤揲制成的。锤揲技术是金细工艺的基本技法之一，一直沿用至今。

4. 错金银

古代金工传统工艺之一。亦称金银错。先在青铜器表面铸成凹槽图案，然后在凹槽内嵌入金银丝、片，再用错石（即磨石）错平磨光，利用两种金属的不同光泽显现花纹，谓之错金银。如果是将纯铜片嵌入青铜器表面，可叫作镶嵌红铜。此种工艺产生于春秋时期，战国时期广为运用，东汉以后逐渐衰落。

5. 掐丝

古代金工传统工艺之一。将金银或其他金属细丝，按照墨样花纹的弯曲转折，掐成图案，粘焊在器物上，谓之掐丝。此项工艺不仅在宝石、金银饰上运用，珐琅器也运用，如掐丝珐琅器等。

6. 炸珠

古代金工传统工艺之一。将黄金溶液滴入温水中会形成大小不等的金珠，谓之炸珠。炸珠形成的金珠通常焊接在金、银器物上以作装饰，如联珠纹、鱼子纹等。

7. 錾花

古代金工传统工艺之一。系用各种大小、纹理不同的錾子，用小锤敲击錾具，使金属表面留下錾痕，形成各种不同的纹理，达到装饰器物的目的。这种工艺具有独特的装饰效果，它使单一的金属表面产生多层次的、变幻的立体效果，既光彩绮丽，又非常和谐。始于春秋晚期，盛行于战国，此后历朝各代均沿用。

8. 累丝

古代金工传统工艺之一。将金拉成金丝，然后将其编成辫股或各种网状组织，再焊接在器物上，谓之累丝。

后记

　　黄金和白银，因其诱人的颜色光泽，较早被人类发现并使用。在可移动文物的大家庭里，金银器是一个重要的品类，不同时代的金银器虽文化审美、艺术风格迥异，但都能凭借耀眼的色泽、出众的颜值成功出圈，是文物展览中深受观众喜爱的一类展品。

　　从历城区张马屯遗址出土的后李文化时期炭化植物种子和文物标本算起，济南这块土地上自距今 9000 年起，就有人类开始在此繁衍生息了。悠久的人类居住历史给济南带来了丰富的文化和文物遗存，这其中，就包括金银器。本书选取了济南市考古研究院 1997 ~ 2023 年 26 年间发掘出土的 400 余件（套）金银器，以时代顺序为主线，以发掘工地为单元，详细描述每件器物，配以发掘背景和墓葬介绍，通过对这些出土金银器进行系统梳理、分类，辅以精美的照片及线图，为金银器精准画像，将文物信息全方位、多角度呈现给大家。这些造型多样、用途各异的金银器，不仅丰富了济南市考古研究院的文物藏品体系，而且厘清了济南地区从商代直至清代的金银器制作工艺的发展脉络，展示了济南地区金银器的文化和审美变化，再现了古代济南地区手工业的辉煌历史，为研究济南古代手工业发展提供了重要的实物资料，对研究济南历代金银器的利用与审美具有十分重要的理论价值，也是新时代讲好文物故事、让文物活起来的基础与保证。

　　本书为 2023 年度济南市"海右计划"哲学社会科学领域济南市考古研究院考古发掘研究团队成果。郭俊峰策划，杨阳承担撰稿、组稿、选图、文字校对等工作，郭俊峰负责全书内容审定，文物出版社张冰、宋朝与本院郝素梅、杨阳联合器物拍摄。在本书撰稿过程中，房振、何利、刘秀玲、邢琪、刘丽丽等给予许多指导，提供相关文字材料与工地图片。毕冠超、郝颖绘图。文物出版社责任编辑秦彧积极协调出版事宜，对本书体例和内容提出诸多宝贵建议。在此，对所有参与本书出版工作的同志表示诚挚的谢意。

　　由于时间紧迫，作者水平有限，书中难免有疏漏、不当之处，敬请读者批评指正。

2023 年 12 月